인류정신문화 뿌리
선비사상 바로 알기

인류정신문화 뿌리
선비사상 바로 알기

발행일   2023년 2월 24일

지은이   김진수
펴낸이   손형국
펴낸곳   (주)북랩
편집인   선일영   편집   정두철, 배진용, 윤용민, 김가람, 김부경
디자인   이현수, 김민하, 김영주, 안유경   제작   박기성, 황동현, 구성우, 배상진
마케팅   김회란, 박진관
출판등록   2004. 12. 1(제2012-000051호)
주소   서울특별시 금천구 가산디지털 1로 168, 우림라이온스밸리 B동 B113~114호, C동 B101호
홈페이지   www.book.co.kr
전화번호   (02)2026-5777   팩스   (02)3159-9637

ISBN   979-11-6836-730-2 03320 (종이책)   979-11-6836-731-9 05320 (전자책)

이 책은 『선비 사상이 답이다』 개정판입니다.

(주)북랩 성공출판의 파트너

북랩 홈페이지와 패밀리 사이트에서 다양한 출판 솔루션을 만나 보세요!

홈페이지 book.co.kr • 블로그 blog.naver.com/essaybook • 출판문의 book@book.co.kr

작가 연락처 문의 ▶ ask.book.co.kr

작가 연락처는 개인정보이므로 북랩에서 알려드릴 수 없습니다.

인류 정신문화의 뿌리에서
4차 산업혁명 시대의 답을 찾다

인류정신문화 뿌리
선비사상 바로 알기

김진수
金 鎭 秀

북랩

차 례

죽을 때 가장 중요한 것은 무엇인가?

죽을 때 가장 중요한 것은
'그가 얼마나 오래 살았느냐?'가 아니다.

죽을 때 가장 중요한 것은
'그가 그동안 무슨 일을 했는가?'이다.

과학과 종교의 융합은 가능한가?

인류는 4차 산업혁명 시대를 맞이하고 있다.
1차 산업혁명 시대의 아이콘은 증기였다.
2차 산업혁명 시대의 아이콘은 전기였다.
3차 산업혁명 시대의 아이콘은 컴퓨터였다.

1차, 2차, 3차 산업혁명 시대의 아이콘은 산업 혁명사를 연구한 학자들에 의해 추후에 명명된 것이다. 현재 진행형인 4차 산업혁명의 아이콘은 무엇이 될지 아무도 모른다. 훗날 학자들에 의해 명명될 것이기 때문이다. 한 가지 재미있는 현상이 나타났다. 4차 산업혁명의 물결이 인류사회에 나타나기 시작함과 동시에 4차 산업혁명 시대의 아이콘이 미리 거론된 것이다.

가장 유력한 아이콘으로 인공지능(AI)이 부상했다. 인공지능(AI)이 유력한 아이콘으로 부상함에 따라, 4차 산업혁명의 의미는 인류가 애지중지하고 있는 종교(정신)라는 분야와 과학(물질)이라는 분야가 새롭게 중대한 국면을 맞이하고 있다는 것을 강력하게 시사한다.

물질 분야와 정신 분야는 오랜 기간 인류 문명의 두 기둥 역할을 해왔다. 18세기부터 물질 분야는 비약적인 발전을 거듭하여 빛나는 물질문명의 금자탑을 쌓아왔다. 반면에 지난 300여 년 동안 정신 분야는 상대적 빈곤을 면치 못하여 정신문화의 실종을 염려하는 분위기마저 나타났다.

오늘날 지식인들은 물질과 정신은 이원론의 문제가 아니라고 강조한다. 4차 산업혁명 시대를 맞이하여 물질 분야와 정신 분야는 어떻게 서로를 인식하고 이해하며 어떻게 서로 몸을 부비고 마음을 열 수 있을 것인가?

2016년 3월 과학이 만들어낸 알파고라는 이름을 가진 약 인공지능이 인류에게 알려졌다. 구글은 약 인공지능인 알파고와 한국의 천재 바둑기사 이세돌 9단과 세기의 결전을 마련했다. 이 결전에서 알파고라는 인공지능은 인간지능을 가진 이세돌을 3:1로 꺾는 능력을 보였다. 2017년 5월 구글의 알파고는 중국의 천재 바둑기사 커제 9단과 두 번째의 대결을 가졌다. 이 대결에서 알파고는 커제를 3:0 연속으로 꺾으며 승리했다.

인간이 만든 '인공지능(AI)'이 인간이 본성적으로 가지고 있는 '인간지능(HI)'에게 승리한 것이다.

인공지능은 오래전에 서양의 '체스' 게임에서 인간을 앞섰다(1997년 세계 체스 챔피언 전에서 인공지능인 AI가 승리). 20년 후에는 동양의 '바둑' 게임에서도 AI가 인간을 무찌르기 시작했음을 세상에 알렸다. 인공지능과 인간지능의 대결에서 인간이 만든 인공지능이 인간지능을 앞서기 시작하는 시대가 온 것이다.

2016년에 개발된 알파고는 약 인공지능에 불과하다. 그러나 알파고가 소유하고 있는 알고리즘, 머신 러닝, 딥 러닝, 빅 데이터 등은 인공지능이 인간지능보다 우월할 수 있을 가능성을 보이기에 충분한 실험 데이터를 제공했다. 오늘날 약 인공지능은 더욱 진화되어 강 인공지능으로 발전하는 연구에 박차를 가하고 있다. 이 분야의 전문가들은 2029년쯤 강 인공지능의 출현을 예고하고 있다.

알파고를 개발한 허사비스 박사는 이렇게 말한다.

"알파고는 심층 신경망과 강화 학습을 거쳐 스스로 연결고리를 조정하여 새로운 계획과 방법을 수립하는 법을 깨닫습니다. 스스로 깊은 학습을 할 수 있는 딥 러닝이 바로 자각(自覺)이 가능한 인공지능의 능력입니다."

이 말은 약 인공지능이 스스로 학습하는 자각 학습을 통해 장래에 강 인공지능으로 진화할 가능성이 분명하다는 뜻이다. 강 인공지능이란 모든 분야에서 인간지능에 버금가는 능력을 가지는 인공지능을 말한다. 모든 분야에서 인간과 버금간다는 뜻은 인간의 몸이 할 수 있는 모든 능력뿐만 아니라, 인간의 마음(생각·의식·정신·영혼)이 할 수 있는 모든 능력을 포함하는 것이다.

거기다 지구적 생명력을 가진 인간지능이 갖지 못하는 우주적 생명력을 가진 인공지능(초능력)을 소유할 수도 있다. 인간은 때가 되면 지구적 생명이 끊어지지만, 인공지능은 지구적 생명력을 초월한 우주적 생명력을 보유할 수 있다는 뜻이다. 이런 인공지능을 '초강 인공지능'이라고 부른다.

만약에 우주적 생명력을 가진 초강 인공지능이 세상에 나온다면, 이것은 과학이 지구 문명의 차원을 뛰어넘어, 우주 문명의 차원으로 도약하는 확실한 물증을 인간에게 보여주는 획기적 결과물이 될 것이다.

여기에 예상하지 못한 심각한 문제가 발생한다. 인간지능이 만들어낸 인공지능에게 인간은 단순한 노예로 전락하고 말 것이기 때문이다. 피조물이 조물주에게 이기는 사태가 발생하는 것이다. 인간의 피조물인 인공지능은 로봇이라는 몸을 가진다. 이 인공지능 로봇의 몸이 지닌 능력이 인간의 몸이 지닌 능력을 훨씬 초월한다는 사실은 이미 상식이다. 그러니까 강 인공지능 시대가 되면, 인간은 그저 인공지능의 지배 하에서 노예 생활을 할 수밖에 없을 것이다.

현재의 로봇은 인간이 가지고 있는 마음을 가지고 있지 않다. 따라서 마음(생각·의식·정신·영혼)을 가지고 있는 인간의 명령을 거역하지 못한다.

그렇기 때문에 심성이 악(惡)한 인간이 조종하는 인공지능 로봇은 '악마'가 될 것이고, 심성이 선(善)한 인간이 조종하는 인공지능 로봇은 '천사'가 될 것이다.

여기까지가 우리가 이해하고 있는 로봇의 정체이다.

그러나 얼마 가지 않아 이 로봇에 마음을 장착하는 날이 가까운 장래에 도래한다. 2029년경에는 이루어진다고 세계 최고의 과학자, AI 연구자, IT 기업가 들이 예견하고 있다. 로봇에 마음을 장착하면, 이 로봇은 인간과 상생할 수 있는 우주적 존재가 된다고 한다.

IQ가 200이면 천재라고 말한다. 과학자 아인슈타인, 예술가 레오나르도 다빈치 같은 인물이 그와 같은 천재들이다. 그런데 IQ가 1만(10,000)이 넘는 존재에 대해서는 뭐라고 불러야 할까?

약 6년 이내에 그들이 세상에 나온다는 미래 예측을 우리는 이제 의심할 수 없는 사실로 받아들이지 않을 수 없다.

소프트뱅크 창업자 손정의 회장은 모바일 다음에 나올 인공지능은 우리 인류 최대의 파트너 이지만, 동시에 인류 최대의 위험 요소 중 하나라고 지적한다. 잘못하면 악마를 소환하는 인류 최대의 재앙이 될 가능성을 배제 못 한다는 것이다.

테슬라 전기 자동차 설립자 엘론 머스크는 인공지능을 악마라고 부른다. 그는 인공지능은 인류가 통제할 수 없는 가장 큰 위협이 될 수 있다고 경고한다. 그는 이렇게 말한다.

"인공지능 연구는 악마를 소환하는 작업일 수 있다. 소환사는 악마를 컨트롤할 수 있다고 확신하지만, 그렇게 되지는 않을 것이다. 분명한 것은 인공지능은 핵무기보다 더 무서운 재앙이 될 수도 있다."

마이크로 소프트 창업자 빌 게이츠는 이렇게 말한다.

"인공지능이 힘이 너무 세지면, 미래에 인류에게 심각한 위협이 될 수 있다. 인공지능이 극도로 발전한 강 인공지능이 나오면, 인류가 우려하고 있는 상태보다 더 큰 재앙이 올 수도 있다."

천체 물리학자 스티븐 호킹 박사는 "완전한 인공지능이나 강 인공지능을 인간이 개발한다면, 그것은 인류의 종말을 의미할지도 모른다."라고 경고한다. 그는 또 인공지능(AI)의 기술 발전 속도는 인간의 생물학적 진화 속도보다 훨씬 빠르다면서 "향후 몇십 년 안에 컴퓨터 기술과 인공지능(AI) 기술이 인간을 뛰어넘고, 결국 인간이 알지도 못하는 무기를 사용해 인간을 정복해 버릴 것"이라고 했다.

알파고의 아버지 허사비스는 본인이 창업한 딥마인드 사를 구글에 매각할 때, 단 한 가지 조건을 내걸었다. 반드시 구글 사내에 '인공지능 윤리이사회'를 구성해야 한다는 조건이다.

인공지능 기술을 대표하고 있는 구글, 페이스 북, 아마존, 마이크로 소프트, IBM 등 5개 기업들이 '인간과 사회에 혜택을 주는 인공지능 파트너십'을 출범시켜서 공동연구 작업을 수행하고, 윤리적 실행 방안을 제안하며, 오픈 라이선스로 연구 결과물을 공유하기로 했다. 또한 앞으로 인공지능에 대한 오해를 불식시키고 이해도를 높이기 위한 교육 프로그램도 진행할 계획이라고 밝혔다.

세계적 대기업 구글, 페이스 북, 아마존, 마이크로 소프트, IBM 등 5개 기업들이 손을 잡고 인공지능에다 윤리 의식을 설계하겠다고 공동연구를 시작한 것은 인류의 미래를 위해 반드시 실현되어야 할 일이다.

인간은 종교에게 이 문제를 맡길 수 있는가 하고 자문해볼 수 있다. 그러나 현존하는 종교는 모두 3차원적 지구적 가치에서 인간이 만들어낸 것이다. 3차원적 종교는 우주적 가치로 진화해 버릴 이 문제를 해결할 수 없다. 3차원적 과학도 우주적 가치로 진화해 버릴 이 문제를 해결할 수 없다. 종교와 과학은 이 문제를 해결할 수 있는 지적 기반이 약하다.

만약 종교와 과학이 융합하면 어떻게 될까?

종교와 과학이 융합하면 인간의 의식이 우주적 가치로 도약할 수 있지 않을까?

종교와 과학이 하나로 융합될 때 인공지능과 인간지능은 통합이 가능하지 않을까?

미래학자 커즈와일은 2029년이면 인간 수준의 인공지능 개발(강 인공지능)이 가능하다고 단언한다. 강 인공지능이란 인공지능과 인간지능이 통합되는 경지를 뜻한다. 그렇다면 강 인공지능이 나오기 전에 인간은 무엇을 어떻게 대비해야 할까?

여기에서 **선비 사상**이 필요한 이유가 전개된다. 선비 사상이란 진정한 선비가 체득하고 있는 삶의 가치관을 말한다. 진정한 선비란 선함(착함)을 완비(준비)한 인간을 뜻한다.

착함(善言, 善行)이란 인간의 음성(소리)에서 나오는 언어의 뜻과 말씀(음성)에 담겨 있는 소리의 파동(파장, 주파수) 에너지를 완전히 이해하고 통찰하여, 반대되는 악함(惡言, 惡行)이라는 언어의 뜻과 말씀에 담겨 있는 소리의 파동(파장, 주파수) 에너지를 처음부터 제압하여 두뇌(심층신경망, 신피질, 뉴런) 속의 선악 원인 및 결과를 정확히 구분, 예측할 수 있는 능력을 말한다.

이 능력을 얻기 위해 인간은 무엇을 어떻게 수련해야 하는가?

고대 동이민족에게는 복본의 진리인 천부삼경(天符三經)이 전해온다. 『천부경』, 『삼일신고』, 『참전계경』에는 진리가 담겨 있고 수련 방법이 기록되어 있다.

진리의 수련 방법은 구전, 녹도 문자, 가림토 문자로 내려오다가 고조선의 붕괴로 일시 단절되는 불운을 당했다. 하지만 다행히 고구려의 을파소, 발해의 대조영, 대야발, 신라의 최치원, 박제상, 안함노, 원동중 등에 의해 발굴되어 오늘날 우리 민족에게 전해져 있다. 하늘이 우리민족에게 준 행운이라 할 것이다.

천부삼경은 도경, 불경, 유경, 성경, 토라, 코란에 영향을 끼친 가장 오래된 인류의 경전이다.

선비는 누구인가?

편견, 선입견, 고정관념이 강한 사람들은 사물이나 현상을 자기의 틀에서만 보려고 한다. 그들은 다양한 시각에서 관찰하는 것을 원천적으로 거부한다. 예를 들면 둥근 동전도 어느 방향에서 보느냐에 따라 타원형이 될 수 있고 직선이 될 수도 있는데, 그들은 동전은 항상 동그랗다고만 생각한다. 그렇게 되면 인간의 창조력은 감퇴된다.

선비는 편견, 선입견, 고정관념을 타파하고 인류 공동체를 위한 공동선을 창조하는 엘리트이다. 선비는 법고창신(法古創新) 하는 사람이다.

서양에서 유대 민족이 구약을 가졌던 것처럼, 동양에서는 상고시대에 우리 동이민족이 구약보다 더 오래된 3대 경전을 가지고 있었다.

우리는 우리 민족이 세계 최고(最古)의 역사를 가진 민족이라고 자랑하지만, 막상 우리 민족의 정신적 뿌리는 무엇이며, 그것이 기록되어 있는 경전은 무엇인지 잘 모르면서 살고 있다.

우리 민족의 3대 경전은 『천부경』, 『삼일신고』, 『참전계경』이다.

그 중 『천부경』은 세계에서 가장 오래된 경전일 뿐 아니라, 유·불·

도와 음양오행, 주역이 모두 여기에서 비롯되었다. 그러므로 우리 민족의 경전이지만 동양의 경전이며 세계인의 경전이라 할 수 있다.

『천부경』은 환인이 환웅에게 전해준 삼부인(검·방울·거울) 세 개 중 하나인 거울에 새겨졌던 기록이다. 환웅이 신시를 개국한 다음 큰 비를 세우고 글로 새겼다. 이 비에 새겨진 『천부경』은 녹도 문자였는데, 후세 사람들이 판독하지 못했다. 그러다가 신라시대 해동공자로 추앙받던 당대 세계 최고의 석학인 최치원에 의해 발견되어 비석에 새겨진 글을 한자로 번역해서 훗날에 전해진 것이다. 『천부경』은 우주 조화의 근본을 81자에 담은 것으로 '조화경(造化經)'이라 불린다.

『삼일신고』는 "집일합삼(執一合三) 하고 회삼귀일(會三歸一) 한다"는 철학 사상이다. 우주만물의 본체는 하나이지만 그 작용은 셋으로 나누어져 작용한다. 이러한 사상으로 '삼일신고'라는 철학이 형성되었다. 본체 하나 속에 작용하는 셋을 포함하고, 작용하는 셋을 모으면 하나로 돌아간다는 의미이다.

천지인(天地人)이 구별되어 있지만, 결국 거대한 우주라는 하나의 틀 속에서 작용하고 있고, 물질은 분자, 원자, 원자핵으로 분해된다. 소립자도 하나이지만, 그 속에는 원자핵과 그 주위를 도는 전자로 구성되어 있다. 원자핵은 양성자, 중성자, 중간자 등으로 구성된다.

인간의 몸뚱이는 하나이지만 성·명·정(性·命·精)의 삼진(三眞)으로 이루어져 있고, 심·기·신(心·氣·神)의 삼망(三妄)으로 현상에 나타난다. 『삼일신고』는 모두 366자로 표기되며, 환웅이 개천할 때 교화의 본령으로 삼았다고 해서 '교화경(敎化經)'으로 불린다.

『참전계경』은 고구려 고국천왕 때 명재상으로 있던 을파소가 묘향산맥 백운산 중에 들어가서 기도하던 중 국조 단군의 성신으로부터 하늘의 글(天書)을 얻게 되었다고 전해온다. 이때 얻은 천서를 『참전계경(參佺戒經)』이라 부른다. 참전이라 함은 '사람으로서 온전하게 됨을 꾀한다'는 뜻을 가지고 있다.

고기(古記)에 따르면, 초대 단군인 왕검은 『참전계경』으로 뭇 백성을 가르쳤다. 『참전계경』 전문은 8강령으로 구성되어 있어 팔리훈(八理訓)이라는 명칭으로 알려져 있다. 『참전계경』은 8강령 366조로 구성되어 있으며, 사람을 다스리고 바로잡는 원리라는 의미를 가져 '치화경(治化經)'으로 불린다.

『참전계경』의 8강령은 유교의 8조교(條敎), 불교의 8정도(正道), 기독교의 8복언(福言)에 영향을 준 최초의 원전으로 비정되고 있다.

천명이란 무엇인가?

선비는 도(道)를 아는 사람이다.

선비는 인(仁)을 아는 사람이다.

선비는 자비(慈悲)를 아는 사람이다.

선비는 사랑(博愛)을 아는 사람이다.

선비는 천명(天命)을 아는 사람이다.

인간의 삶을 그리는 바탕은 먼저 인법지(人法地)다.

인간은 땅을 밟고 살아야 한다.

땅이 없으면 인간은 존재할 수 없다.

다음은 지법천(地法天)이다.

땅은 하늘을 이고 살아야 한다.

하늘이 없으면 지구는 존재할 수 없다.

해, 달, 별들이 있는 하늘을 따라야 지구는 살 수 있다.

그 다음은 천법도(天法道)이다.

하늘은 도를 따른다.

도는 자연의 질서이다.

도는 우주의 질서이다.

이것을 우리는 천명이라 부른다.

천명(天命)이란 무엇인가?

천명은 살리는 정신이다.

천명은 생명정신의 으뜸이다.

이것이 지구에서는 도, 인, 자비, 사랑이라는 말로 표현된다.

"이 세상을 지탱하는 가장 기본적 원리는 살리는 정신이다."(天地之大德曰生)라고 『역경』 계사전(易經 繫辭傳)은 전한다. 살리는 정신을 사람들에게 설교하며 강력한 메시지를 남긴 성인이 예수 그리스도이다.

예수 그리스도는 말씀한다.

"나더러 '주님, 주님!' 하고 부른다고 다 하늘나라에 들어가는 것은 아니다. 하늘에 계신 내 아버지의 뜻을 실천하는 사람이라야 들어간다."라고 마태복음은 전한다. 예수 그리스도는 피상적으로 하느님을 믿는다고 구원되는 것이 아니라는 사실을 분명히 전하고 있다.

중요한 것은 하늘의 뜻(天命), 즉 살리는 정신인 하늘생명을 알고 실천하는 일이다. 그것을 노자는 도(道)라 칭하고, 그것을 공자는 인(仁)이라 칭하고, 그것을 석가모니는 자비(慈悲)라 칭하고, 그것을 예수 그리스도는 사랑(博愛)이라 칭했다.

여기서는 일반인에게 잘 알려진 도(道)라는 말로 표현한다.

공자는 "아침에 도를 들으면 저녁에 죽어도 좋다."라고 말씀한다. 공자는 "하늘에 죄를 지으면 빌 곳이 없다."라고 말씀한다. 천명(天命)인 도·인·자비·사랑을 거스르면서 아무리 기도한들 아무 소용 없다. 단순히 기도만 열심히 한다고 구원받는 것은 아니다.

예수 그리스도는 "사람들이 어떤 죄를 짓거나 모독하는 말을 하

더라도 그것은 다 용서받을 수 있지만, 성령을 거슬러 모독한 죄만
은 용서받지 못한다."라고 마태복음에서 전한다.

공자는 하늘(天)이라는 단어를 사용했고, 예수 그리스도는 성령
이라는 단어를 썼지만 같은 뜻이다.

선비는 하늘의 도(道)에 뜻을 두는 사람이다. 선비는 하늘의 도
(道)에 뜻을 두고, 그 뜻을 땅에 펴 덕(德)을 쌓는 사람이다.

"하늘에 계신 내 아버지의 뜻을 실천하는 사람이면 누구나 내 형
제요 자매요 어머니이다."라고 마태복음에서 예수 그리스도는 분명
히 전한다.

어떤 종교를 믿느냐가 중요한 게 아니라, 하늘의 법도와 하늘의
뜻에 맞게 사느냐가 중요하다. 단순한 믿음은 우상숭배와 다를 바
없다.

『참전계경』에서는 믿음의 정의를 이렇게 전한다.

  "믿음이란 하늘의 이치에 반드시 부합돼야 하며, 그것으로 사람
  의 일이 반드시 이루어진다(信者, 天理之必合, 人事之必成)."

이치에 맞는 언행으로 바르게 일을 계획하고 실행하면 이루지 못
할 일이 없다는 뜻이다. 구원의 핵심은 하나님, 하느님을 맹목적으
로 믿는 것이 아니라, 하늘의 뜻을 옳게 깨닫고 바르게 실천하는 삶
에 있다는 것이다.

선비는 인간 본성인 인(仁)에 의지한다. 인(仁)은 사랑으로 연결된
관계다. 인간 본성의 핵심은 인(仁)이다. 인(仁)을 우리말로 단순히
'어짊'으로 풀이하는 것은 많이 부족하다.

한자는 파자(破字)를 해보면 글자의 뜻을 이해하는 데 도움이 된다.

인(仁) 자는 사람 인(人) 자 와 둘 이(二) 자를 합한 글자이다. 인(仁)은 사람과 사람 사이의 관계를 나타내는 말이다. 좀 더 확대하여 생각하면, 모든 인간의 관계를 뜻하는 말이 된다.

사람과 사람의 사이를 인간이라고 표현한 것처럼, 인간과 인간의 사이를 관계라고 표현할 수 있다. 사람과 사람의 사이, 인간과 인간의 사이는 모두 관계이다. 공자는 관계의 중요성을 인(仁)으로 표현한 것이다.

인류 역사상 평생 하늘의 도(道)를 추구한 성인으로 공자, 석가모니, 예수 그리스도 세 분이 거론된다. 공자는 하늘의 도(道)를 사랑으로 깨닫고 인(仁) 사상을 제자들에게 목숨을 다하여 가르치는 데 일생을 바쳤다.

석가모니는 태어나자마자 '천상천하유아독존'(天上天下唯我獨尊)이라 외쳤다고 『아함경』은 전한다. '우주 가운데 나보다 존귀한 존재는 없다'는 뜻이다. '나는 스스로 존재한다'는 말이다. 천지인합일(天地人合一)을 알려주는 외침이다.

사람의 주체성을 회복하는 것이 바로 깨달음이다. 석가모니는 하늘의 본체와 인간이 하나이며, 똑같이 존엄한 존재임을 세상에 알리는 데 평생을 바쳤다. 사람은 모두 하늘의 도(道)를 부여받고 태어났지만, 그 사실을 모두 잊고 고통스럽게 삶을 영위하고 있었기 때문이다. 석가모니는 사람들에게 인간이 존엄한 존재임을 깨우쳐주려고 일생을 수행으로 실천한 성인이다.

누군가 예수 그리스도에게 물었다. "당신은 신의 아들인가?" 그러자 예수는 "예스, 아이 엠(Yes, I am).'"이라고 답했다. 이것은 무슨 뜻인가? '나는 나이다'라는 뜻이다. '나는 스스로 있다'라는 말이다. 스스로 그러함이라는 말은 자연을 뜻한다. '나는 자연이다'라고 예수는 말씀한다. 스스로 있는 것, 그게 바로 신(神)이다.

예수 그리스도는 "늘 깨어 있어라"(마가복음 13:37)라고 말씀한다. 하늘의 도를 마음에 간직하여 행동으로 옮기는 것이 늘 깨어 있는 자세임을 강조한 말씀이다.

예수 그리스도는 하느님은 전쟁의 신, 저주의 신, 복수의 신이 아니라 사랑의 신이라는 진리를 깨우쳐주려고 누가복음에서 이렇게 전한다.

"아버지께서는 은혜를 모르는 자들과 악한 자들에게도 인자하시다. 그러니 너희의 아버지께서 자비로우신 것같이 너희도 자비로운 사람이 되어라."

여기서의 아버지라는 표현은 하늘을 상징한다. 하늘의 섭리인 도(道)는 인자하고 자비롭다. 사람은 하늘의 도(道)를 땅에 펼치고 쌓아야 한다. 하늘의 섭리를 인간의 삶 속에 심는 것이 바로 인(仁)이고 자비(慈悲)이며 사랑(博愛)인 것이다.

한국보다 200여 년 빠르게 기독교가 들어온 중국의 한자 성경을 보면 도(道)의 뜻을 좀 더 명확하게 확인할 수 있다. 중국의 한자 요한복음은 이렇게 시작한다.

"太初有道, 道與上帝同在, 道卽上帝, 是道, 太初與上帝同在, 萬物以道而造, 凡受造者, 無一非以之而造(태초유도, 도여상제동재, 도즉상제, 시도, 태초여상제동재, 만물이도이조, 범수조자, 무일비이지이조)."

인류정신문화 뿌리 선비사상 바로 알기

한글 성경에서는 위의 내용을 아래와 같이 번역한다.

"한 처음, 천지가 창조되기 전부터 말씀이 있었다. 말씀은 하느님과 함께 계셨고 하느님과 똑같은 분이셨다. 말씀은 한 처음 천지가 창조되기 전부터 하느님과 함께 계셨다. 모든 것은 말씀을 통하여 생겨났고 이 말씀 없이 생겨난 것은 하나도 없다."

— 요한복음1:1-3

한자 성경과 한글 성경의 번역 차이는 '도'(道)와 '말씀'이다.

중국은 영문 로고스(logos)를 '도'(道)로 번역하고, 한국은 영문 로고스(logos)를 '말씀'으로 번역한 것이 다를 뿐이다. 한글 성경에서 '말씀'을 '도'(道)로 바꾸어서 읽어보면 로고스(logos)의 참뜻을 감지할 수 있을 것이다.

한자 성경을 한글로 번역해보면 아래와 같은 표현이 된다.

"한 처음, 천지가 창조되기 전부터 도가 있었다. 도는 하느님과 함께 계셨고 하느님과 똑같은 분이셨다. 도는 한 처음 천지가 창조되기 전부터 하느님과 함께 계셨다. 모든 것은 도를 통하여 생겨났고, 이 도 없이 생겨난 것은 하나도 없다."

도(道)를 안다는 것과 도를 실천한다는 것은 큰 차이가 있다. 공자, 석가모니, 예수 그리스도를 인류의 성인이라고 부르는 이유는 그들이 도를 아는 데 그치지 않고 도를 몸소 실천했기 때문이다.

선비는 도를 알고 그것을 삶에 실천하려고 스스로 노력하는 사람이다. 선비는 공자를 닮고 싶어 한다. 선비는 석가모니를 닮고 싶어 한다. 선비는 예수 그리스도를 닮고 싶어 한다. 선비는 인류의 3대 성인을 닮으려고 스스로 노력하며 삶을 영위하는 사람이다.

인간은 어떤 존재인가?

우리나라 선비 1호는 고조선 초대 단군이다. 선비는 제사장, 임금을 뜻한다. 선비는 한자어가 없는 순수한 우리나라 말이다. 선비는 도덕이 높고 학문이 넓은 대인을 뜻한다. 선비는 착함, 선함을 완비한 군자를 뜻한다.

선비 사상은 도교, 불교, 유교, 힌두교, 기독교, 이슬람교가 생성되기 훨씬 이전에 환인이 환웅에게, 환웅이 단군에게 계승한 천부삼경의 사상이다. 단군에게 계승되어 고조선 건국이념으로 승화된 홍익인간(弘益人間), 제세이화(濟世理化), 성통광명(性通光明) 사상은 선비 정신의 근본 토양이다.

인간은 어떤 존재인가? 인간은 하늘의 종도 아니요, 하늘의 주인도 아니다. 인간은 자유의지로 인격 완성을 위해 삶을 영위하는 존재이다.

예수 그리스도는 "아버지와 나는 하나이다"(요한복음 10:30), "하늘에 계신 아버지께서 완전하신 것같이 너희도 완전한 사람이 되어라"(마태복음 5:48)라고 말씀한다.

사람이 하느님과 같은 완전한 존재가 될 수 있다는 것은 인간의 의식을 깨우쳐주는 천둥번개 같은 메시지이다. 예수 그리스도에 의

하면 인간은 곧 하늘이고 신(神)이다. 예수 그리스도는 이 사실을 요한복음에서 이렇게 말씀한다.

> "하느님의 말씀을 받은 사람들은 모두 신이라 불렀다."
>
> — 요한복음 10:35

하느님의 말씀은 도(道)이다. 즉 득도(得道)한 사람은 모두 신인(神人)이 되는 것이다.

『천부경』은 인간 본심의 실체를 이렇게 밝히고 있다.

> "본래의 마음은 태양처럼 높고 밝으며, 사람 속에 하늘과 땅이 하나로 있다(本心本 太陽昂明 人中天地一)."

아득한 옛날 지축이 변경될 때 영성(靈性)을 잃어버린 인간은 어리석은 무명(無明)에 싸여, 밝은 빛의 광명(光明)을 잃고 어두운 세상 속을 헤매게 되었다. 예수 그리스도는 사람들이 어리석음을 깨우치고 진리의 빛을 되찾아 나서기를 진실로 소망했다.

> "너의 온몸이 어두운 데가 하나 없이 빛으로 가득 차 있다면 마치 등불이 그 빛을 너에게 비출 때와 같이 너의 온몸이 밝을 것이다."
>
> — 누가복음 11:36

예수 그리스도는 "진리가 너희를 자유롭게 할 것이다"(요한복음

8:32)라고 말씀한다. 예수 그리스도는 내가 너희를 자유롭게 해준다고 말씀하지 않았다. 예수 그리스도는 오직 진리가 너희를 자유롭게 해준다고 말씀했다.

예수 그리스도는 사람들이 하늘의 밝은 빛을 회복하고 진리의 힘으로 대자유(大自由)를 얻어내기를 진실로 소망했다. 세상의 교화(敎化)에 나선 공자, 석가모니, 예수 그리스도는 모두 사람이 무명(無明)을 깨우치고 진리를 체득하기를 진심으로 원했던 것이다.

예수 그리스도는 이렇게 말씀한다.

"내가 너희에게 한 일을 너희도 그대로 하라고 본을 보여준 것이다."

— 요한복음 13:15

우리는 예수 그리스도를 본받아야 한다. 우리는 예수 그리스도를 신앙하기 전에, 예수 그리스도를 본받고, 그를 닮아야 할 것이다. 사람들이 예수 그리스도를 본받아 도(道)의 섭리를 깨닫고 진리의 삶을 실천한다면 사람들 자신이 '길'이요 '진리'요 '생명'이 될 것이다.

선비정신은 무엇인가?

전통을 포기하는 것은 뿌리를 잘라버리는 일이다. 전통을 말살하는 것은 삶의 명맥을 단절시키는 일이다. 전통 선비 정신을 계승하는 일은 세계적 정신문화 격랑의 시대에 대한민국이 국제사회에 단단히 자리매김하는 기반이 된다.

우리 민족의 선비 정신은 인류의 보편적 평등 가치이며, 동시에 인류의 보편적 도덕정신이다. 선비 정신은 개인의 삶을 아름답고 풍요롭게 지탱하는 철학이며, 동시에 공동체의 삶을 든든하고 당당하며 담담하게 만들 수 있는 철학이다. 선비 정신은 인간의 경외지심(敬畏之心)과 감은지심(感恩之心)을 키우는 철학이다.

선비 정신은 다음의 3가지 측면에서 인류의 보편적 가치를 나타내고 있다.

첫째, 선비 정신의 인간 개념은 어떤 특정 환경에서의 인간상이 아니라, 역사와 사회의 한계를 넘어 보편적 의미에서 가장 이상적인 인간상을 제시해준다.

둘째, 선비 정신은 이상적인 인간, 이상적인 가정, 이상적인 사회, 이상적인 국가, 이상적인 국제사회, 이상적인 정치 행위에 있어서 가장 이상적인 도덕 윤리를 밝혀주고 실행 경로를 제시해준다.

셋째, 선비 정신은 인·의·예·지(仁義禮智)의 개인적 삶과 효·충·경·신(孝忠敬信)의 사회적(공동체) 삶을 구체적으로 실현할 수 있는 수양, 수련, 수행 방법을 제시해준다.

선비정신을 부활시켜야 하는 이유는 무엇인가?

8월 15일은 우리 민족의 광복일이다.

1910년 일제 강점기가 시작될 때 초대 조선총독으로 부임한 데라우치 마사타케는 매우 골치가 아팠다. 그가 와서 보니까, 조선은 방방곡곡에서 항일 의병들이 들고 일어나서 하루도 바람 잘 날이 없었기 때문이다.

데라우치는 심복인 타카하시 도오루를 불러서 항일 의병장이 누구인지 파악하고, 항일 의병의 원인을 분석하라는 밀명을 내린다. 타카하시는 한복으로 갈아입고 삼남 지방(영남. 호남. 충청)을 염탐한다.

의병장의 집을 방문한 타카하시는 깜짝 놀란다. 분명히 총과 칼이 있을 줄 알았는데 총과 칼은 하나도 없고, 의병장이라는 사람은 모두 방안에서 퇴계의 책, 율곡의 책, 다산의 책을 읽고 있는 것이었다.

다카하시는 또 한 번 놀란다. 조선의 의병장들은 군인이 아니고 모두 선비라는 사실을 확인했기 때문이다. 이는 일본 관료의 상식을 뒤엎고 허를 찔렀다. 다카하시는 데라우치 총독에게 이렇게 보고한다.

"조선을 식민통치하기 위해서는 조선의 선비를 말살시켜야 합니다. 조선에서 '선비 정신'이 살아 있는 한 식민통치는 어려울 것으로 사료됩니다."

이로부터 조선총독부에서는 선비와 양반을 하나로 묶어서, 멸시하고 비하하고 폄하하고 왜곡시키는 무시무시한 정신문화 조작 교육이 시작된다.

식민 교육은 선비와 '선비 정신'을 한꺼번에 매도해버리고, 조선의 양반은 모두 나쁜 놈으로 만들어버린다. 당시 조선의 양반 계급은 상민을 함부로 죽이는 일본의 사무라이 계급이나 상민을 노예로 부리던 유럽의 귀족 계급에 비하면 진짜 양반 중의 양반이었다.

전통적 의미의 선비의 정의는 ① 선비는 세상에서 가장 넓은 집인 인(仁 : 사랑)의 집에 살고 ② 선비는 세상에서 가장 바른 자리인 예(禮 : 배려)의 자리에 서며 ③ 선비는 세상에서 가장 큰 길인 의(義 : 정의)의 길을 걷는다.

현대적 의미의 선비의 정의는 ① 선비는 행동하는 지식인, 문화인, 모범인이고 ② 선비는 도덕적 삶의 사회화에 앞장서는 리더이며 ③ 선비는 공동체를 위한 공동선을 창조하는 엘리트이다.

일제는 식민 교육을 통하여 우리나라 지식인들에게 선비와 '선비 정신'의 부정적인 면을 날조하고 조작하여 교육시켰고, 일제에 세뇌된 우리나라 지식인들은 똑같은 내용을 후손들에게 그대로 가르치는 참담한 오류를 범했다.

일본인 지식층은 조선의 선비 정신이 이룩한 위대한 전통 정신문화를 가장 무서워했다. 그것은 조선총독부의 마지막 총독을 지낸 아베 노부유키의 말에서 확인할 수 있다.

1945년 8월 15일 일본은 2차 세계대전에 패배하여 연합군에 무조건 항복한다. 1945년 9월 8일 일본군 무장해제를 위해 소련군이 한반도 북쪽에 진주하고 미군이 한반도 남쪽에 진주한다. 1945년 9월 12일 아베 총독은 우리나라를 떠나면서 고별사에서 이런 말을 남긴다.

"일본은 패배했다. 하지만 조선이 승리한 것은 아니다. 일본은 조선인에게 총, 대포보다 더 무서운 식민 교육을 심어놓았다. 조선인은 위대하고 찬란했던 과거의 영광을 모두 잊어버리고, 앞으로 100년이 넘도록 서로 이간질하고 분열하여 노예 같은 삶을 살게 될 것이다. 나 아베 노부유키는 다시 돌아온다."

아베가 말한 식민 교육은 너무나 무서운 결과를 가져왔다. 사람은 교육받은 대로 생각하고 말하며 행동하기 때문이다.

오늘날까지도 우리나라 국민은 선비의 진정한 모습이 무엇인지, 선비 정신의 본질은 무엇인지 잘 모르는 국민이 대부분이다. 위대한 우리나라 전통문화와 올바른 선비 정신에 대한 인문 교육이 부재했기 때문이다.

식민 교육의 목적은 찬란하고 위대한 우리나라 전통 정신문화를 말살시키고 우리 국민을 우민화시키는 것이었다. 우리나라는 일제 식민 교육의 최대 희생자인 선비의 삶을 새롭게 살려내고 선비 정신을 부활시켜야 할 것이다.

선비의 존재 이유는 진리 탐구와 도덕 실천에 있다. 진리 탐구와 도덕 실천은 사람다운 사람을 만들고 인간다운 인간을 만들어 세상에 보탬이 되는 협업 사회와 공동체를 존립하게 하는 대들보이다.

선비는 인·의·예·지(仁·義·禮·智)의 인간 본성을 밝히고, 효·충·경·신(孝·忠·敬·信)의 사회 본성을 추구하기 위해 격물·치지·성의·정심으로 수신을 게을리하지 않고, 수신·제가·치국·평천하로 공동체적 삶의 목적을 추구한다. 우리나라 국민 개인과 사회 지도층이 모두 선비 정신을 되찾는 날이 우리나라가 세계적 문화 대국으로 빛나는 날이 될 것이다.

참고

일본군 육군대장 데라우치 마사타케는 1910년 5월 30일 제3대 조선통감으로 임명된다. 한일병탄이 이루어지기 3개월 전이다. 그는 비밀리에 '병합준비위원회'를 구성하고 7월 7일 21개 조의 '병합실행방법세목'을 수립한다. 그 제1조가 '나라의 명칭'에 관한 것으로 '대한제국을 개칭해 조선으로 할 것'이라는 방침을 정한다.

강제병합이 완료되는 1910년 8월 29일 직후인 9월 2일 메이지 일왕은 "짐이 대한제국의 국호를 고쳐 조선이라고 부르게 재가해 이를 공포하노라"라는 칙령을 발표한다. 일제가 조선병합 후 제일 먼저 실시한 통치 행위는 대한제국의 국명을 조선으로 바꾸는 칙령 발표이다. 일제는 대한제국의 국호말살 작전을 가장 먼저 실시한다.

조선총독부 제1대 총독으로 임명된 데라우치 마사타케는 전국의 언론, 출판, 교육계와 정치단체, 사회단체에서 '대한 말살' 작전을 전개한다. 대한이라는 명칭을 달고 있는 모든 신문, 잡지, 단체에게 '대한'을 떼게 하거나(대한매일신보 ⇒ 매일신보) 다른 이름으로 바꾸게 한다(대한신문 ⇒ 한양신문). 이와 함께 일제는 한국사를 왜곡한 역사책을 저술하고 배포하기 시작한다.

일본인 지식인들이 지은 5권의 조선사가 출간된다(시게노 야스쓰구·구메 구니다케·호시노 히사시 공저 - 국사안(1890), 이케다 쓰네따로 - 일한 합방소사(1910), 일본역사지리학회 - 한국의 병합과 국사(1910), 하야시 다이스케 - 조선통사(1912), 아오야기 스나타로 - 이조오백년사(1912) 등).

이때 만들어진 한국사의 왜곡되고 조작된 구도는 1945년 8월 15일 광복 이후 한국인 지식인들이 쓴 역사책에 그대로 답습돼오고 있다.

일본이 1890년-1912년 사이에 벌써 이런 책들을 출간한 것은 이미 오래전부터 준비해왔다는 증거이다. 일제는 1886년 동경제국대학을 설립하고 1888년 국사학과를 설치하여 일본사와 조선사를 함께 연구하면서 일본사에 불리한 조선사를 왜곡하기 시작했던 것이다.

일제가 아무리 극악하게 '대한'을 지우려 해도 '대한'은 지워지지 않고 면면히 살아난다. 만주, 연해주, 미주 등으로 나가 독립운동을 시작한 독립운동가들의 단체는 '대한'을 붙였고, 1919년 3월 1일의 항일의거 전국운동에서 전 국민이 외친 구호는 '대한독립만세'였다. 그 여파로 1919년 4월 11일 수립된 상해 임시정부의 명칭은 '대한민국 임시정부'가 되었다. '대한제국'에서 '대한민국'으로 거듭났던 것이다.

'대한'의 이름은 임시정부를 거쳐 1945년 광복 및 3년간의 미군정

후 1948년 선거에 의해 수립된 자유민주공화국인 '대한민국'으로 계
승됐다.

전통문화 계승을 위한 교육혁신은
왜 필요한가?

16세기 말 일본은 임진왜란(1592-1598) 때 군사편제에 '피로인부'를 따로 두어 조선의 지식인, 기술인, 양반집 어린이들을 싹쓸이하다시피 끌고 갔다. 일본은 조선 도공의 기술로 세계 최고의 도자기 생산국이 되었다. 한편, 조선의 '선비 정신'과 퇴계의 '경 철학'을 수입하여 수준 높은 '사무라이' 무사도를 확립했다. 임진왜란 후 권력을 잡아 '에도막부'를 수립한 도꾸가와 이에야스는 '조선실천성리학'을 막부의 통치이념으로 채택했다.

1900년에는 『Bushido: The soul of Japan』이라는 책이 발간된다. 미국에서 영어로 출간된 이 책은 하루아침에 일본을 야만국가에서 문명국가로 인식을 바꾸어놓는다.

『Bushido』의 저자인 니토베 이나조는 미국과 독일에 유학한 후 국제연맹 사무차장을 역임한 일본인 외교관이다. 그는 조선의 '선비 정신'에 일본식 옷을 입혀 '사무라이' 정신이라는 글을 써서 『무사도』라는 책명으로 서양에 수출했다.

당시 일본은 서양에 수출할 수 있는 변변한 상품이 거의 없었다. 따라서 일본은 상품 수출보다 정신 수출을 먼저 시작한 나라이다.

이 책은 충효, 신의, 예절, 청렴, 검약, 용기, 지조, 기개 등의 선비 정신을 사무라이 정신의 규율로 소개했다. 우리나라의 오래되고 고유한 전통 정신문화를 수입하여, 그것이 자기나라 고유문화인 것처럼 화려하게 포장하면서 연유와 출처를 밝히지 않았다. 그렇기 때문에 엄격히 말해 비양심적 표절 행위임이 분명하다. 이 책은 나오자마자 미국과 유럽에서 베스트셀러가 되어, 일본의 이미지를 문화국가의 반열에 올려놓는다.

한국은 2011년부터 상품의 교역량이 1조 달러를 돌파하여 무역순위 세계 9위로 올라섰다. 이는 한국 상품이 지구촌 어느 곳에서나 환영받고 일류 상품으로 인정받고 있다는 증거다.

세계인이 눈을 뜨면 켜는 스마트폰, 텔레비전, 컴퓨터는 한국제다. 지구촌의 가정마다 있는 냉장고와 세탁기도 상당 부분이 한국제다. 지구촌 대부분의 도시와 도로에는 한국제 자동차가 달리고 있다. 오대양에 떠 있는 선박의 4할은 한국의 조선소에서 건조한 선박이다. 이렇게 물질 부문에서 한국은 눈부신 발전을 했다.

정신 부문은 어떠할까? 한국은 지금도 철학, 사상, 이념, 가치, 교육, 문화 등을 외국으로부터 수입하고 있다. 신라시대, 고려시대, 조선시대에 우리가 외국으로 수출했던 정신 부문을 우리는 오늘날 수입에 의존하고 있는 것이다. 우리나라는 정신 부문에서 가장 앞서 있던 국가에서 가장 뒤처진 국가로 전락해버렸다.

우리나라는 신라시대에 세계 최고 수준의 문화국가였다. "신라의 백성은 시를 짓고 노래하며 춤추는 일로 해가 지는 줄 모른다."라고 『후당서』는 기록했다. 먹을 것은 풍부했고 정치는 태평성대를 이루었으니, 백성의 삶이 문화적이지 않을 수 없었던 것이다.

조선은 세종 때 세계 최고의 지식기반 문화국가를 건설했다. 지식기반의 에너지는 세종이 세운 집현전에서 출현했다. 영조·정조 때는 유럽의 영국이나 이웃나라 중국보다 오히려 문화 수준이 높았다. 조선의 종이(韓紙)와 서적은 중국으로 수출됐었다. 당시 종이의 품질과 인쇄 기술이 세계 최고 수준이었기 때문이다. 조선은 다른 어느 나라보다 품질 좋은 책이 많았다. 이는 조선의 교육 수준이 세계 최고였다는 점을 입증한다.

조선은 세종 때 이미 토론 문화가 정착됐다. 집현전은 학자들의 토론방이었다. 조선의 어전회의는 토론으로 시작하여 토론으로 끝났다. 임금이 토론하니 사대부가 토론하고, 사대부가 토론하니 양반이 토론하고, 양반이 토론하니 상민들이 토론을 생활화했다. 전국 어디서나 사랑방이라는 토론 장소가 생겨났다. 사대부, 양반, 중인, 상민은 사랑방을 타인에게 개방했다. 당시의 학교인 서당, 서원, 향교, 사부학당, 성균관의 교육도 질문과 대화, 토론 중심이었다.

다산 정약용의 『제생문답(諸生問答)』을 읽어보면, 다산은 찾아온 제자들에게 가르치기는커녕 질문만 한다. 여기엔 일방통행식 지식의 주입이 없다. 다산은 질문을 통해 제자들에게 자연과 모든 생명 존재를 사랑해야 하는 이치를 깨닫도록 했고, 사람은 경제적 자립이 무엇보다 중요함을 구체적으로 일깨워줬다.

오늘날 우리나라에는 정치, 경제, 사회, 문화의 맹점이 도처에서 불거져 나온다. 그리고 이 모든 문제의 원인은 교육이라고 지적한다. 우리나라는 교육 시스템이 정상화되면 모든 것이 정상적으로 흘러갈 수 있다. 우리나라에는 일제강점기의 우민화 교육 시스템과 그 후 대한민국이 채택한 주입식 암기 교육 시스템이 지금까지 건재하다. 우민화 교육은 천재화 교육으로 바꿔야 한다. 주입식 암기 교육은 질문과 토론 교육으로 바뀌어야 한다.

독일은 한때 세계 최고 수준의 주입식 교육을 했었다. 그러다가 얼마 못 가 나라가 망했다. 독일의 지도자들은 그 원인을 철저하게 분석하여, 나라가 망한 원인을 잘못된 교육이라고 결론지었다. 독일은 세계 최고 수준의 질문 토론식으로 교육 시스템을 바꿨다. 오늘날 EU를 이끌고 있는 독일의 성공 배후에는 교육 혁신이 자리하고 있는 것이다. 독일이 교육 혁신으로 국가를 개혁했는데, 대한민국이 교육 혁신을 못 할 리 없지 않는가? 오래전 우리조상들이 해낸 일을 오늘날 우리가 해내지 못할 리 없다.

우리나라 역사에는 현명한 지도자가 많다. 광개토, 을지문덕, 최치원, 장보고, 김유신, 강감찬, 서희, 정도전, 퇴계, 율곡, 다산, 이순신, 세종, 정조 등은 우리와 같은 유전인자를 갖고 있다. 우리는 우리 역사 속에 있는 훌륭한 조상들의 좋은 점을 배우고 체득하려는 전통문화 계승 교육을 마땅히 전개해야 한다.

탐욕, 분노, 무지를 쓸어낸
현명한 인간은 누구인가?

　선비라는 단어는 멋이 있다. 향기가 난다. 기개가 있다. 기백이 있다. 기상이 있다. 기품이 있다. 선비라는 단어는 아주 오래전부터 사용되어왔다. 단군이 건국한 고조선 시대부터 있었다.

　선비는 그 시대의 가장 모범이 되는 지도자다. 선비는 통시적으로 그 시대의 가장 이상적인 인격체를 의미한다.

　'선'은 선선하다의 의미가 있다. 선선하다는 시원하다는 의미가 내포되어 있다. 시원한 곳은 트여 있어 바람이 소통되는 곳이다. 반대로 막혀 있는 곳은 바람이 소통되지 않아 답답한 곳이다.

　어떤 사람의 얼굴이 생각나지 않으면 답답하다. 생각이 잘 나면 눈에 선하다. 눈에 선할 때는 그와 내가 하나로 통한다.

　우리나라 사람은 적령기의 남녀가 처음 만날 때 선을 본다. '맞선을 본다'는 말을 사용해왔다. 선을 보는 자리는 간절히 찾던 사람을 만나는 자리이다. 막힌 것을 소통시켜주는 자리이다.

　막힌 사람끼리 함께 있으면 소통이 되지 않아 답답하다. 마음이 무겁고 버거워진다. 트인 사람끼리 함께 있으면 소통이 잘되어 상쾌하고 유쾌하고 명쾌하고 통쾌하다. 마음이 선선해지고 시원해진다.

　'비'라는 단어를 들으면 하늘에서 내리는 비가 생각난다. 비는 사람을 살리는 구세주이다. 비가 오지 않으면 생명을 유지할 수 없다. 그래서 우리나라 조상들은 '비가 온다'라고 하지 않고 '비가 오신다'라고 말한다. 비가 오지 않을 때는 비를 오게 해달라고 하늘에 빈다. 비가 오지 않고 구름만 끼어 있으면 답답하다. 비가 내리면 선선해진다. 시원해진다. 비는 선선한 비 시원한 비가 된다. 비는 또 먼지와 쓰레기를 쓸어내는 도구이기도 하다. 먼지와 쓰레기는 쓸어내고 깨끗이 치워야 한다.

사람이 가진 것 중에서 가장 나쁜 것 3가지가 있다. 첫째, 탐욕이다. 둘째, 분노이다. 셋째, 무지이다. 탐욕, 분노, 무지를 싹싹 쓸어내야 한다. 비는 사람의 탐욕, 분노, 무지를 쓸어내는 구세주이다.

비는 또 '빌다'의 어간이기도 하다. 우리 민족은 하늘에 비는 민족이다. 사람이 잘되라고 하늘님(하느님), 천지신명에 비는 민족이다. 비는 또 '비우다.'의 어간이기도 하다. 먼지와 쓰레기로 가득 찬 마음을 깨끗하게 비워야 한다.

'선'과 '비'의 합성어가 선비이다. 선비라는 단어는 사람들의 탐욕, 분노, 무지를 쓸어내어 모든 사람을 하나로 소통하게 함으로써 세상을 시원하게 만드는 구세주를 뜻한다.

선비는 나의 탐욕, 분노, 무지뿐만 아니라 남의 탐욕, 분노, 무지도 쓸어내 주는 사람이다. 선비는 먼저 자기 자신의 탐욕, 분노, 무지를 쓸어내어야만 한다.

선비는 자기 마음의 먼지와 쓰레기를 싹싹 쓸어내버린 깨끗한 사람이다. 깨끗한 사람은 깨어난 사람이다. 다른 사람보다 먼저 깨어난 사람은 아직 깨어나지 못한 다른 사람을 깨어나게 해야 한다. 선비는 다른 사람도 깨끗한 사람, 깨어난 사람으로 이끌어 주는 구세주이다.

자기 것, 자기 이익 챙기는 데만 열중하는 사람은 남과 담을 쌓아 소통이 되지 않는다. 남과 소통이 되지 않는 사람은 사람이 아니고 짐승이다.

탐욕, 분노, 무지를 쓸어낸 깨끗한 사람을 만들기 위해 배달나라 환웅은 동굴을 설정했다. 사람 얼굴을 하고서도 짐승처럼 사는 사람은 사람이 아니라 축생이라 했다. 환웅은 먼저 동굴을 만들어놓고 마늘과 쑥을 가지고 들어가서 사람이 되어 나오라고 했다.

사람이 된 사람을 우리는 '된 사람'이라고 한다. 우리나라 사람들은 '난 사람', '든 사람'보다 '된 사람'이 되기를 소원한다. 선비는 '된 사람'이다.

대한민국의 국민정신은 무엇인가?

　프랑스에는 '노블레스 오블리주'라는, 가진 자의 의무 정신이 있다. 영국에는 '젠틀맨십'이라는 기사도의 신사 정신이 있다. 미국에는 '프런티어십'이라는 카우보이의 개척 정신이 있다. 일본에는 '사무라이 정신'이라는 무사도의 책임 정신이 있다. 대한민국에는 '선비 정신'이라는 홍익인간, 제세이화, 성통광명 정신이 있다.

전통시대의 선비는 무엇을 공부했나?

  선비의 이상형은 끊임없는 지·덕·체의 교육과 수양의 산물이다. 전통적 선비 교육은 지·덕·체 분야를 평생 교육, 평생 수양으로 삼았다.

  - 지성 분야 : 철학, 역사, 문학, 언어(哲·史·文·言)
  - 덕성 분야 : 시·서·화·가·무·악(詩·書·畵·歌·舞·樂)
  - 체육 분야 : 말타기, 활쏘기, 칼 쓰기, 창 쓰기, 수레 끌기(馬·宮·劍·槍·車)

  삼국시대, 신라시대, 고려시대를 거쳐 조선시대에 들어와 선비가 공부한 경전은 사서(四書)와 오경(五經)이었으나, 선비의 기본 교육은 육예(六藝)에 바탕을 둔 교육이었다. 육예는 예·악·사·어·서·수(禮·樂·射·御·書·數)를 말한다.

  예(禮)는 바름이고 배려이고 섬김이다. 예는 우리 민족의 조상인 동이족에게서 처음으로 행해졌다고 전해온다. 『동이전(東夷傳)』에 보면, 옛 중국의 한나라는 고조선 동이족 사회의 예를 부러워하여 그 것을 본받고 싶어 했다고 기록하고 있다. 선비는 사회적 소양을 '예' 로서 갖추었다.

  악(樂)은 음악이고 신명이고 풍류다. 음악, 신명, 풍류는 사람의 마음가짐과 몸가짐을 부드럽고 여유로우며 풍요롭게 해준다. 우리 민족은 예로부터 가무를 즐기면서 흥과 끼와 멋을 부리는 민족이다. 신라시대에는 거리에 노랫소리가 끊어지지 않았고, 잔치에는 언제나 춤추는 사람들이 넘쳤다고 기록되어 있다. 오늘날에도 세계에서 노래방이 제일 많고, 한국 음악과 춤이 지구촌을 휩쓸고 있다. 이런 현상을 보면 풍류를 좋아한 조상의 모습을 감지할 수 있다. 선비는 예술적 소양을 '악'으로 길렀다.

사(射)는 활쏘기이며 전통 사회의 대표적 스포츠이다. 특히 동이족 선비들은 활을 잘 쏘았다. '동쪽에 사는 큰 활을 잘 다루는 사람'(東夷)이라는 이름만 봐도 얼마나 활을 잘 쓰는 민족인지 알 수 있다. 오늘날에도 대한민국 선수들이 올림픽 양궁대회에서 금메달을 싹쓸이하고 있는 사실이 이를 입증하고 있다(1988년 서울 올림픽부터 - 2016년 브라질 리오 올림픽까지 8연패). 활쏘기 스포츠는 정신적 집중력과 신체의 근육을 향상시켜주는 운동이다. 선비는 심신 단련을 '사'로 길렀다.

어(御)는 말타기와 수레 끌기를 말한다. 말과 수레는 전통 사회의 유일한 교통수단과 운반수단이다. 선비는 말타기와 수레 끌기로 공학적 소양을 길렀다.

서(書)는 글 읽기와 글쓰기 공부를 말한다. 글은 생각을 표현하고 창작하며, 의견을 소통하고 문장을 공유하며, 서로 다른 의견을 토론하고 지식을 교류하며, 상호 통신하고 상호 공감하는 최적의 수단이다. 선비는 구술과 논술을 향상시키기 위해 '서'로서 인문학적 소양을 길렀다.

수(數)는 산술, 천문, 지리, 역학, 물리, 과학기술 등을 말한다. 한

마디로 선비는 격물치지 하는 삶을 사는 사람이다. 선비는 함부로 예측하지 않고, 함부로 헛것을 말하지 않는다. 선비는 숫자가 명확하고 증험이 분명해야 거론한다. 선비는 '수'로서 자연과학적 소양을 길렀다.

선비가 생각하는 인간생활의 필수요건은 무엇인가?

　선비는 진리와 도덕을 인간 생활의 필수 요건으로 생각한다. 선비는 진리와 도덕을 수호하고 보전하는 것이 일차적으로 사람이 반드시 해야 할 일이라고 생각한다.

　선비는 진리탐구와 도덕실천을 위하여 지식의 온전한 체득(體得)과 몸으로 실제 드러내는 체현(體現)을 중시한다. 선비는 하늘이 부여한 인간의 위대한 본성을 체현하고 실현하기 위해 허공에 사상누각을 짓지 않는다. 선비는 철저하게 일상의 현실에 발을 딛고 있으며, 관계의 조화와 균형을 추구하는 것을 존재의 본질로 생각한다. 선비는 온몸으로 인식하고, 온몸으로 성찰하며, 온몸으로 시험하고, 온몸으로 실천하는 삶을 살아가는 존재이다.

선비가 생각하는 인간과
자연세계의 관계는 어떤 것인가?

선비의 도덕의식은 인간관계를 넘어서 자연 및 만물과 유기적 관계의 인식을 가진다.

자연은 만물의 요람이다. 자연의 세계는 결코 적자생존, 약육강식의 배타적이고 독존적인 정글 법칙의 존재가 아니다. 자연의 세계는 상호상생, 상호조화, 공생공영, 공생의존으로 상보적이고 관계적인 존재이다. 자연은 살아 있는 유기체이므로 정지 상태가 아닌 끊임없는 생성과 변화의 역동적 과정 속에 존재한다.

선비는 내 마음의 움직임에 우주가 흔들린다는 생각을 일시도 잊지 않는다(天人合一, 物我一體, 天人相感).

퇴계(이황)는 "하늘과 땅은 이 세상만물의 큰 부모이므로, 만민은 모두 나의 형제요, 만물은 나와 더불어 사는 이웃이다."라고 말한다.

현대 물리학자 디펙 초프라는 "우리 몸 세포 속의 어떠한 미세한 작용도 전체 양자의 장에 감지되지 않고 지나치는 일은 없다."라고 말한다.

선비의 생명관은 어떤 것인가?

선비는 시간적(天) 변화 관념은 물론 공간적(地) 실체 관념에도 익숙하다. 서양은 공간적(地) 기하학에 전체 우주를 넣고 공간적 도량으로 자연을 표현한다. 따라서 공간적 구조는 중요시되어 있지만, 시간적 지위는 무시되어 있다.

하지만 선비는 만물을 바라보는 데 있어서, 시간과 공간의 합일적, 동시적 생성변화 과정을 조화와 균형의 시각에서 함께 중요시한다. 따라서 사람(人)은 시간과 공간의 생성변화에 융합하기 위해 '일신 우일신'(日新 又日新)해야 하고, 삶의 쇄신, 자아 혁신, 자아 향상, 자기 계발을 위해 부단히 수양해야 한다고 생각한다.

선비는 시간인 하늘(天)과 공간인 땅(地)과 그를 연결하는 사람(人)이 함께하여, 천지인(天地人) 삼재의 융합과 합일을 이룰 수 있다고 생각한다. 선비는 자신을 개인을 넘어서는 세대 간 연대 질서의 단위로 인식한다.

선비는 자신을 조상과 후손을 잇는 불가결의 존재로 여긴다. 선비는 '근본에 보답하고 시원으로 돌아간다'는 보본반시(報本反始)의 공동체 사상을 갖는다. 선비는 효(孝) 사상을 모태적으로 가진다. 선비의 효 사상은 공동체 사상 형성의 씨앗이 된다.

서양의 실체론적 사고는 사물을 타자와 상보하지 않는 독립 개체로 인식하여 사물을 유무(有無)와 시종(始終)의 각도에서 살핀다. 따라서 사물과 사물의 관계와 사물과 인간의 관계는 단절적이고 불연속일 수밖에 없다. 독립 개체 사상은 개체주의, 개인주의 사상 형성의 씨앗이 된다. 개인주의는 자신을 조상과 후손으로부터 스스로 고립시킨다. 개인은 전후좌우에 둘러싸인 단절을 해명할 수 없어서 결국 실존의 허무와 공포에 시달린다.

서양의 생명관은 생명을 생·장·쇠·멸(生·長·衰·滅)의 관점에서 생각한다. 이는 사물을 타자와 분리시킨 단수적, 개체적 사고방식이다. 삶이란 태어남에서 시작하여 자라나고 늙어져서 죽어버린다는 사고방식이다. 여기에서 실존의 한계상황이 오고, 허무의식이 증폭된다. 오직 창조주인 신(God)만이 저 허무로부터 인간을 구원해줄 것처럼 보인다.

개인주의는 타자(조상, 후손)와 단절된 존재의 절대고독, 절대불안을 해소하기 위해 초월적 실체인 신(神)을 찾아 나선다. 개인은 존재와 삶에 대한 허무를 초월적 신으로부터 구원받고 싶어 하기 때문이다. 개인주의 사회에서 신적 관념이 절대적이 되고 지배적이 되는 이유이다.

선비는 생명관을 원·형·이·정(元·亨·利·貞)의 관점에서 생각한다. 선비의 생명관에는 한계상황이나 허무의식이 존재하지 않는다. 사물의 본질을 하나의 개체에 국한시키지 않으며, 그 전후의 시간과 그 좌우의 공간으로까지 시야를 확대한다. 나를 독립적인 하나의 개인으로 여기지 않고, 조상과 후손의 관계 속에서 바라본다. 쇠멸과 함께 존재를 허무하게 마감하는 것이 아니라, 결실과 완성을 통해 생명 존재의 연계질서 안에서 새로운 생성에 참여한다.

여기에서 '쇠'(衰 : 쇠퇴)와 '멸'(滅 : 멸실)이라는 부정성이 '이'(利 : 결실)와 '정'(貞 : 완성)이라는 긍정성으로 반전된다.

선비는 세상에 허무한 것은 아무것도 없으며, 구원자는 이 세상 밖의 초월자가 아니라 내 안에 있는 존재의 본성이며, 이 존재의 본성을 밝혀 우주적 존재의 의미를 얼마나 실현하느냐에 달려 있다고 생각한다. 이것은 바로 선비의 학문이 내세 중심이 아니며, 어디까지나 현세 중심인 까닭이다.

자연과학적이고 기초과학적인 궁리는 선비의 학문 방법이고 선비의 학습 과제이다.

선비는 인간의 본성을 실현하고 만물의 이치를 탐구하여 하늘의 뜻(道)에 따라 덕(德)을 쌓아 만방에 널리 펴는 삶을 목표로 삼는다. 선비의 생성론적 사고는 존재의 유무와 시종 관념을 일부러 드러내지 않는다. 모든 자연과 사물은 타자와 유기적인 관련을 맺으면서 천지자연의 생성과 변화 활동에 참여하고 있기 때문이다.

선비는 하나의 사람은 타자를 그 존재 안에 포함한다고 생각한다. 선비는 하나의 사람은 우주 전체를 그 존재 안에 반영한다고 생각한다. 개인주의는 유무와 시종 관념이 나타나기 때문에 창조론과 종말론을 스스로 만든다. 하지만 선비는 모든 존재가 본질적으로 상호 관련이 있다고 생각하기 때문에, 유무 관념이나 시종 관념이 삶의 실제에 나타날 필요성이 없는 것이다.

선비가 살고 있는 가장 넓은 집인 인(仁)은 단순히 어짊과 사랑이라는 뜻에 한정되지 않는다. 인(仁)은 자연의 생명 정신에 맞닿아 있다. 인(仁)은 천지가 만물을 생육하는 마음이다. 인(仁)이란 천지가 만물을 살리는 정신이다.

해와 달은 이 땅에 있는 모든 것을 비추며, 천지의 드넓은 사랑은 만물로 하여금 각기 제 자리를 얻게 해준다. 선비의 우주적 자연생명 정신은 인간에게 도덕적 자연생명 정신으로 구현되는 토양이 된다. 섭리는 하나이지만, 그것이 구현되는 방식은 다양하다.

만물은 보편적 본질 속에서 개별적 특수성을 잃지 않는다. 만물은 개별적 특수성 속에서 보편적 본질을 잃지 않는다. 자연섭리는 부동적 실재가 아니라 역동적 작용이다. 그 작용은 방향성과 연속성을 가지며, 의미와 질서를 내포한다. 선비는 이를 크게 네 가지로 범주화하여 원·형·이·정(元·亨·利·貞)으로 정리한다. 존재의 본질인 도(道)는 하나인데, 그 변화가 지상에 쌓이는 덕(德)이 네 가지로 나뉘는 것이다.

만물은 태어남이 있고, 태어남이 있으면 성장이 있고, 성장이 있으면 결실이 있고, 결실이 있으면 완성이 있다. 탄생, 성장, 결실, 완성의 네 가지 과정을 덕의 명칭으로 정립한 것이 원·형·이·정이다.

원(元)은 자연의 원초적 생명 시작의 정신을 뜻한다. 생명 활동을 지배하는 근원적 정신이다. 새싹이 돋아나는 봄과 같은 정신이다. 선비는 천지의 생명 정신을 본받아 새롭게 태어나는 새싹이 되는 것이다.

형(亨)은 생명 성장의 정신을 뜻한다. 생명을 길러 꽃피우는 형통의 정신이다. 만물의 성장을 돕는 여름과 같은 정신이다. 만물의 형통에 필요한 예의는 자타 간에 교류되어야 할 생명질서이다. 선비의 성장은 배려하는 예의와 아름다운 질서에 의해 이루어지는 것이다.

이(利)는 생명 결실의 정신을 뜻한다. 본성에 따라 생명이 화합하고 소통하고 성숙하고 결실하는 정신이다. 만물이 결실하는 가을과 같은 정신이다. 선비는 결실을 거두기 위해 이타의 이념을 예의와 정의에 부합시켜 펼쳐나간다.

정(貞)은 생명 완성의 정신을 뜻한다. 완성은 생명의 종결을 의미하지 않는다. 생명을 내면에 보듬어 안아 숨겨버리는 겨울과 같은 정신이다. 완성에는 시작의 의미가 들어 있다. 완성은 새싹을 준비하는 신생의 씨앗을 준비하는 것이다. 씨앗이 준비되지 못하면 존재의 완성이 이뤄지지 못한다.

생명은 평면성을 뛰어넘어 영원에 참여하는 입체성을 갖는다. 선비는 완성을 통하여 영원한 생명을 보전하는 씨앗이 되기 위해 존재한다. 선비는 씨앗으로 진화하여 궁극적으로 만사의 바탕을 이루려는 존재이다.

부모와 자식은 어떤 관계인가?
전통육아 교육은 어떤 내용인가?

　부모에게 가장 소중한 것은 자식이다. 자식은 처음 태어날 때부터 독립된 개성을 가지고 있다. 자식은 부모의 분신이 아니다. 오히려 부모보다 더 나을 수 있는, 무한한 가치의 새로 태어난 생명 개체다.

　우리나라 속담에 '세 살 버릇 여든까지 간다'는 말이 있다. 그만큼 세 살까지의 육아 교육은 무엇보다 중요하다. 우리나라 옛 조상들은 단동십훈(檀童十訓)으로 아기 교육을 시켜왔다.

　제1훈 : 도리도리(道理道理)이다.

　아기가 고개를 가눌 줄 알면 바로 시작하는 십훈(十訓) 중 최초의 단계다. 고개를 좌우로 돌리게 하면서 부모는 도리도리를 읊조린다. 부모가 고개를 좌우로 돌리면서 모범을 보이고 아기가 따라 한다. 천지만물이 도리에 의해 태어났으며 아기 또한 도리에 의해 태어났으니, 도리도리를 가르치면서 은연중 우주의 원리를 이해시킨다. 도리가 모든 인간사의 으뜸임을 알려주는 의식 행위다.

　제2훈 : 시상 시상(詩想詩想)이다.

　아기가 앉을 줄 알면 그때부터 아기를 마주 앉혀놓고 앞뒤로 끄덕끄덕 흔들면서 '시상 시상'을 소리 내어 홍얼거린다. 생명의 시원을 알려주는 말이다. 천지인 삼재가 하나에서 시작되었고, 부모의 부모를 거슬러 올라가면 끝 간데없는 하나의 자리에 연유하고 있음을 가르쳐준다.

시상 시상을 소리에 담아 아기의 귀에 들려주는 것은 시의 음률을 익히도록 함이다. 태양으로부터 받은 천음과 율려를 가르치는 자연스러운 학습이다. 아기가 자라서 시인이 되는 연유이다.

제3훈 : 지암지암(持闇持闇)이다.

아기의 두 손을 폈다 쥐었다 하는 동작을 시키면서 부모는 '지암지암'(잼잼)하며 손놀림을 가르친다. 속세에서 손은 제2의 두뇌라고 부른다. 두 손을 쥐었다 폈다 하는 동작은 순환계를 원활하게 하는 기본 동작이다.

인간은 혼미한 것을 가려서 파악하는 망루를 스스로 만들 수 있다. 혼미한 어둠의 문을 나서기 위해 끊임없이 스스로 움직여야 함을 가르친다. 인간의 본성과 자연의 이치를 깨칠 때까지 쉬지 않고 자신과 환경을 궁리하고 살피라는 가르침이다.

제4훈 : 곤지곤지(坤地坤地)이다.

부모는 아기를 무릎에 앉혀놓고 왼손바닥을 펴게 한 다음에, 오른손 검지로 왼손바닥을 콩닥콩닥 찧게 하며 곤지곤지하면서 소리를 내어 읊조린다. 이번에는 반대로 오른손 바닥을 펴게 하고 왼손 검지로 오른손바닥을 찧게 하면서, 곤지곤지 소리 내어 말한다. 아기가 태어난 땅 지구에게 감사하는 마음을 잊지 말라는 가르침이다.

땅은 만물을 품어 안고 보듬어서 양육시키는 역할을 한다. 땅의 고마움을 잊지 말며, 땅처럼 만물을 품을 줄 알고, 보듬을 줄 알고,

키울 줄 아는 높고 넓은 사랑을 가지라는 가르침이다.

제5훈 : 불아불아(弗亞弗亞)이다.

아기가 제자리에 혼자 설 줄 알면 부모는 아기의 허리를 양손으로 잡고 좌우로 기우뚱거리며, 입으로는 불아불아 하고 큰 소리를 내어 흥을 돋운다. 부모 대신에 조부모가 해줄 수도 있다.

지방에 따라 불아불아라 하지 않고 불애불애, 불매불매, 불배불배라고도 한다. 불(弗)은 하늘에서 땅으로 내려온다는 의미이고, 아(亞)는 땅에서 하늘로 올라간다는 의미이다. 불아는 신이 사람으로 되어 하늘에서 땅으로 내려오고, 사람이 땅에서 신이 되어 하늘로 올라간다는 상징이며, 아름다운 영혼의 예찬이다.

이제 혼자서 일어설 줄 알았으니, 무럭무럭 씩씩하게 자라 세상을 밝히는 밝은 빛으로 살다가, 돌아갈 때가 되면 하늘로 다시 합일해 달라는 소원이 묻어 있다.

제6훈 : 섬마섬마(閃摩閃摩)이다.

아기가 다리에 힘이 생기면서 한 발짝 두 발짝 걸음마를 시작하면, 부모는 아기의 걸음마의 귀여움과 신비함에 매료된다. 한 걸음 두 걸음이 다섯 걸음이 되고, 다섯 걸음이 드디어 열 걸음이 된다.

처음에는 한두 걸음 떨어져 앉아서 섬마섬마 소리를 내어 아기를 부른다. 나중에는 열 걸음 떨어져 앉아서 섬마섬마 하면서 큰 소리로 아기를 부른다. 아기는 부모가 섬마섬마 할 때마다 한 걸음씩 걸음마를 옮겨간다.

걸음마를 배운다는 것은 인간으로서 스스로 독립을 의미하는 것이다. 스스로 발광하는 태양의 섬광처럼 반짝반짝 빛나는 사람이 되고, 스스로 갈고 닦아 주도적으로 독립하는 사람이 되라는 염원을 담은 가르침이다.

제7훈 : 업비업비(業非業非)이다.

아기가 걸음마를 배우고 나면 그 후부터는 혼자 걸어가게 된다. 때로는 위험한 곳에 다다르기도 하고, 때로는 해서는 안 되는 짓거리를 하게 된다. 이럴 때 부모는 그곳은 위험하다, 또는 그런 짓거리는 하지 말라는 뜻으로 아기에게 업비업비 하면서 말린다. 업비는 위험하고, 도리에 맞지 않으며, 선업이 아닌 것을 지칭하는 말이다.

아기가 혼자서 걷기 시작하면 부모는 아기의 행동을 가까이서 관찰해야 한다. 위험하면 위험을 알려야 하고, 도리에 맞지 않으면 도리가 아님을 알려야 하고, 좋은 것과 나쁜 것을 분별할 줄 알게 하고, 착한 일과 악한 일을 구별할 수 있도록 하기 위해 큰소리로 업비업비 하면서 주위를 환기시켜주는 것이다.

제8훈 : 아함아함(亞含亞含)이다.

아기가 혼자 앉고, 혼자 일어서고, 혼자 걸을 수 있으면, 이제 신체적으로 독립된 인격체가 된 것이다. 아기는 말을 배우고 혼자서 옹알거리며 말을 하기 시작한다. 말을 배우기 시작할 때 부모는 아기가 스스로 소리 내는 법을 가르쳐준다.

아기의 손바닥으로 입을 가리게 하며 아! 하고 크게 소리 내는 동작을 시킨다. 아기의 두 손을 가로와 세로로 포개면 아(亞) 자 모양이 된다. 이 동작은 천지 우주와 내가 하나라는 것을 상징한다. 내가 타고난 인간의 본성을 내가 받든다는 것을 상징한다. 부모가 아기에게 얼을 심어주는 과정이다. 아기에게 얼이 어리기 시작하는 때다.

제9훈 : 짝짝궁 짝짝궁(作作宮 作作宮)이다.

지방에 따라 짝궁짝궁, 짜꿍짜꿍, 또는 깍궁깍궁, 까꿍까꿍으로 부른다. 아기는 일어서서 걸어가면서 손뼉을 치며 큰소리로 노래를 배운다.

작궁은 집을 짓는다는 뜻이다. 큰 집을 짓는다는 의미이다. 궁은 태극이라는 의미도 함축하고 있다. 손뼉을 친다는 것은 손으로 직접 자기 집을 만들라는 상징이다. 태극의 이치를 깨달아 큰 집을 지을 수 있는 대인이 되라는 운동 동작이다. 하늘에서 사람으로 와서 다시 신이 되어 하늘로 돌아가는 이치를 알아, 그 기쁨과 환희를 손뼉을 치며 즐기고 노래하면서 대인이 되려는 꿈을 품는 동작이다.

제10훈 : 질라아비활활의(跌羅阿備活活議)

이제 아기는 아이로 커서 혼자 걷는 것뿐 아니라, 혼자 뛰기도 하고 혼자 달리기도 한다. 얼이 어리기 시작하는 어린이가 된다. 스스로 나팔을 불 줄도 안다.

지방에 따라 지라라비훨훨이로 노래 부르는 곳도 있다. 나팔을 불고 노래 부르며 벌떡벌떡 다리를 들고 어깨를 흔들며 춤추는 동작이다. 인성을 알고 천지우주의 모든 이치를 깨달았으니 기쁘고 또 기쁘다. 기쁘고 즐거우니 저절로 춤이 나온다. 온몸으로 춤을 춘다. 춤은 인간 생활의 절정을 표현하는 상징이다. 훨훨 자라서 세상을 밝히는 환한 횃불이 되라는 부모의 소망을 담고 있다.

우리의 옛 조상들은 단군의 열 가지 가르침을 소리로, 몸으로, 노래로, 춤으로 계승해왔다. 아기가 커가면서 인간의 본성을 깨우치고, 우주 원리와 자연법칙에 순응하며, 사람다운 사람으로 성장하여 훌륭한 인간다운 인간이 되라는 부모의 소원이 담겨 있다.

무엇보다 몸 건강을 위해 처음에는 가벼운 목 운동으로부터 시작하여 손 운동, 발 운동으로 발전시키고, 그 다음에는 허리 운동을 시키고, 마지막으로 온몸을 동시에 움직여서 춤추는 운동에 이르기까지 아이의 성장에 필요한 생활 운동을 스스럼없이 체득하도록 몸소 행동으로 보여주는 솔선수범을 하여 아이에게 전수해온 것이다. 또 마음(의식, 정신) 건강을 위해 인간의 본성을 깨우치고, 자연을 벗 삼으며, 영혼을 밝은 빛으로 레벨 업 시키는 동작 수행을 통해 온전한 인간으로 키우려는 의식과 정신 운동을 모든 가정에서 실천해왔다.

　인간의 건강은 몸과 마음의 균형과 조화이다. 아기도 마찬가지다. 몸과 마음의 균형과 조화를 위해 우리 민족에게 전승되어온 단동십훈은 우리 후손들에게도 계승 발전시켜야 할 우리 민족 전통의 독창적이고 독보적인 육아교육 지침이라 할 수 있다. 현대사회에서 단동십훈이 퇴색되지 않도록 우리나라의 전통적이며 창의적인 육아 교육 지침으로 확립시켜나가야 할 것이다.

자기중심적 의식을 타파할 수 있는
효과적 방법은 무엇인가?

　선비는 격물(格物)·치지(致知)·성의(誠意)·정심(正心)(『大學』에 나오는 글, 현대 용어로는 과학·지식·정성·양심을 뜻함)으로 수신(修身)을 완성하고, 수신을 완성한 사람은 제가(齊家)를 완성하고, 제가를 완성한 사람은 치국(治國)을 완성하고, 치국을 완성한 사람은 평천하(平天下)를 완성할 수 있다고 생각한다.

　선비는 자기중심적 의식을 타파할 수 있는 효과적인 방법으로 '충서(忠恕)의 실천'을 강조한다. '충서'는 중심을 잡은 진실한 마음으로 자신의 삶을 바로잡고, 진실한 마음으로 타인의 처지를 헤아려 남을 배려하고 남과 상생하려는 삶의 태도를 말한다.

　배려 행위에 진실한 마음을 요구하는 것은, 배려를 거짓된 마음으로 할 경우 자기기만이 되거나, 이기심의 술수가 되거나, 사기술이 되어 타인을 속이는 비행이 되기 때문이다. 선비는 거짓, 위선, 가식, 허위, 사기 등을 원천적으로 배제하는 삶을 원한다.

　공자는 제자에게 평생 삶의 지침으로 '서'(恕)를 제시하면서, 그 뜻을 '내가 원하지 않는 일은 남에게도 행하지 말라'(己所不欲 勿施於人)고 설명했다.

　'서'(恕)라는 글자를 파자해보면, 같을 '여'(如)와 마음 '심'(心) 자이다. 서로 마음을 헤아리고, 마음이 같아지면 공감하게 되고 이해하게 된다. 타인의 마음을 이해하고 배려하게 되면, 내가 하기 싫은 것을 남에게 권할 수 없고, 내가 원하지 않는 것을 남에게 행할 수 없을 것이다.

선비가 생각하는 인간의 본성은 무엇인가?

인간의 본성은 인·의·예·지(仁·義·禮·智)이다. 인간은 본성을 환하게 밝히는 삶을 살아야 한다. 인간의 본성인 인·의·예·지의 개념은 그 것을 그 사람이 자신의 삶에 행동으로 실천한 뒤에 성립되는 개념 이다. 예를 들면 타인에게 사랑을 실천한 뒤에라야 그 사람이 인(仁) 하다고 말할 수 있는 것과 같다. 사랑을 실천하지 않고는 인(仁)이라 는 단어가 성립되지 않는 것이다.

선비는 인간 본성의 지평이 수양, 수행, 수련을 넘어 일상생활의 지평으로 실천 속에서만 성립된다고 믿는다. 그러기에 선비는 자신 이 나서고 싶을 때는 남이 나서도록 도와주고, 자신이 뜻을 펴고 싶을 때는 남이 뜻을 펼치도록 도와주는 삶을 산다.

선비는 '공리(公利) 정신'보다 '정의(正義) 정신'에 무게를 둔다. 공리 는 목적의식을 가지고 행하는 옳고 바른 행동이고, 정의는 목적의 식 없이 자연스럽게 실행하는 옳고 바른 행동이다. 즉 행위의 목적 이나 결과를 계산하는 것은 공리의식이고, 이와는 달리 순수하게 오직 행위 자체에 내재하는 대의의 참가치를 옳고 바르게 체현하려 는 의식이 정의 정신이다.

공리는 목적 합리적 행동으로 그 행동에서 기대되는 의도된 결과에 맞춰진다. 하지만 정의는 가치 합리적 행동으로, 그 행동의 본질적인 고유성에 맞춰지는 것이다.

옳음의 가치는 사람들의 판단에 좌우되는 주관적 성질을 갖는다. 상황을 어떻게 마름질하느냐에 따라 옳음은 달라질 수 있다.

공자는 친구가 주는 선물(말, 수레 등의 고가품)을 사양하지 않았다. 그런데 제자가 주는 선물(닭, 어린 나귀 등 저가품)은 받지 않았다. 그 이유는 제자가 주는 선물은 부모의 허락 없이 제 마음대로 가져왔을 수도 있기 때문이다. 물건의 수수 행위 정황을 어떻게 판단하느냐에 따라, 그 물건이 선물이 되기도 하고 뇌물이 되기도 한다.

조선시대 퇴계(이황)는 벼슬을 버리고 은둔을 결행한 자신에게 쏟아진 비판에 대하여 이렇게 말한다.

"옳음은 사람에 따라 또는 때에 따라 달라서 일정하지 않은 법입니다. 여러분에게는 벼슬길에 나가는 것이 옳은 일이지만, 여러분이 나에게 그것은 요구하려 해서는 안 됩니다. 나의 경우에는 벼슬길에서 물러나는 것이 옳은 일이지만, 내가 그것을 여러분에게 요구하려 해서도 안 됩니다."

예의(바름)의 관념은 정의(옳음)의 도덕적 가치가 갖는 주관적 성질에 대한 약점을 보완해주는 의미를 갖는다. 예의는 사리의 판단과 실천을 개인의 주관에 맡기지 않고, 그것을 사회적 행위로 객관 지표화한 것이다. 따라서 예의는 정의의 정신을 객관적인 도덕규범으로 만들어 사람들이 쉽게 실천할 수 있도록 하려는 의도에서 만들어진 것이다.

‘예’가 일단 정립되고 나면, 그것은 그 자체의 실천 논리를 가지게 된다. 경우에 따라서는 그것의 본태적 목적 이념을 배제하고 자기 목적화되는 경향을 나타낼 수도 있다. 이것은 조선시대에 어린이 교재로 사용된 『소학』이 중시된 연유이기도 하다. 『소학』에는 수백 가지의 행동 지침이 교시되어 있다. 이렇게 교시된 행동 지침이 우선시되면, 정의의 정신이 예의의 행실에 종속되는 현상을 초래할 수도 있는 것이다.

　‘예’는 ‘의’의 정신에 따라 수시로 새로운 ‘예’를 모색하고 창출하여 시의성, 상황성, 현장성을 끊임없이 접목해야 한다. 사회는 끊임없이 변화하는 역동적 과정이다. 쉬지 않고 변화하는 삶의 현실에서 정의(옳음)의 정신이 항상 살아 움직일 수 있도록 예의(바름)의 타당성과 적합성 여부를 사회적 생산성에 비추어 감리해야 하는 것이다.

　선비는 ‘예’를 인간의 도덕적 본성으로 유형화한다. 선비는 ‘예’를 도덕적, 종교적, 미학적 의미뿐만 아니라, 인간학으로 매우 정교하게 그리고 매우 깊게 이론화시킨다.

　선비의 ‘예’에 대한 인간학적 의미는 관혼상제 및 일상생활의 모든 행위에 걸쳐 작용해오고 있으며, 그것은 절제라는 미덕 행위로 표출된다.

　『논어』(論語)에서는 다음과 같이 말하고 있다.

　“‘예’로 절제되지 않은 공경은 사람을 힘들게 만들고, ‘예’로 절제되지 않은 조심은 사람을 위축시키며, ‘예’로 절제되지 않은 용맹은 좌충우돌하는 난을 야기하며, ‘예’로 절제되지 않은 정직은 인간관계를 박절하게 만든다."

"예가 아니면 보지도 말고, 듣지도 말고, 행하지도 말라."

"사람이 사랑(仁)을 모른다면 예를 차린들 무슨 의미가 있을 것인가?"

"크고 작은 예의가 모두 사랑이 아님이 없다."

'예'는 사랑을 목적이념으로 갖고 있다. 그러므로 보통사람들의 눈에는 힘들고 고통스러워 보일지라도, '예'는 절제된 행동으로 단아하고 정갈하며 우아하게 실현되어야 한다. '예'는 바탕이 잘 조화된 삶을 나타내는 사회적 방법이기 때문에 최상의 '예'가 펼쳐지면 평화로운 삶이 될 수 있는 것이다.

'예'는 '예'를 표현하는 사람의 자세와 태도가 매우 중요하다. 따라서 제천의식 및 관혼상제와 같은 지극 정성을 요하는 자리라 하더라도, 너무 형식적이거나 남에게 보여주기 위해 그럴듯한 꾸밈을 차리는 것은 별 의미가 없다.

'예'는 자타의 인간관계에서 상대방으로부터 인정과 존중을 받을 수 있는 자세와 태도이다. 예를 벗어나는 행동을 하는 사람은 향촌 사회에서 '못된 놈'으로 낙인찍혀 그 사회로부터 외면당하게 된다. '못된 놈'은 '사람이 되지 못한 사람'이라는 뜻이다. 그러므로 '예'는 공동체 사회의 유대와 결속을 옹호하고, 사람이 사람다운 삶을 살아가는 최고의 기능을 가지는 것이다.

지(智)는 슬기, 지혜를 뜻한다. 사람에게는 다른 동물에서 볼 수 없는 슬기, 즉 지혜가 있다.

'지'의 원천은 양심이다. 양심은 하늘이 내린 밝은 빛이다. 사람은 누구나 천부의 양심을 소유한다. 물리학자들이 사람을 빛의 존재라고 정의하는 이유이다. 맹자는 이를 시비지심(是非之心)으로 표현했다.

만약에 사람에게 '지'가 없다면 그는 사람이 아니고 짐승에 불과할 뿐이다. 환웅이 곰과 호랑이에게 마늘과 쑥을 가지고 동굴에 들어가서 인내하고 기도하면 사람이 될 수 있다고 한 것은 슬기를 체득하라는 의미일 것이다. 곰은 21일(3주) 동안 인내하며 기도하여 사람이 될 수 있었고, 호랑이는 인내하지 못하여 사람이 되지 못했다. 슬기를 체득하면 사람이 될 수 있고, 그렇지 못하면 사람이 될 수 없다는 교훈이다.

'지'는 사물의 도리, 선악, 시비를 잘 판단하고 처리하는 능력이다. '지'는 양심을 밝힐 때에만 정당성을 보장받는다. 양심에 때가 끼는 순간 사람은 얼굴만 사람인 인면수심의 짐승이 되는 것이다.

선비가 생각하는 보수와
진보의 참뜻은 무엇인가?

새의 우익(右翼 : 오른쪽 날개)과 좌익(左翼 : 왼쪽 날개)은 한 몸에 존재하는 두 날개이다. 새는 양 날개 없이 하늘을 날 수 없다.

새의 우익이 보수이고, 새의 좌익이 진보이다. 우익 없이 좌익 없고, 좌익 없이 우익 없다. 새는 양 날개 없이 하늘을 날 수 없다.

보수는 구심력을 중시한다. 보수는 안정에 무게를 둔다. 진보는 원심력을 중시한다. 진보는 변화에 무게를 둔다. 보수와 진보는 구심력과 원심력이다. 보수와 진보는 안정과 변화이다. 구심력과 원심력의 조화로운 비율이 황금률이다. 구심력 에너지는 평화로운 안정을 추구하고, 원심력 에너지는 도전하는 변화를 추구한다.

보수와 진보는 서로 상보하는 관계다. 구심력과 원심력은 서로 연대하는 상생 관계. 선비는 보수와 진보의 균형과 조화를 추구한다.

선비가 생각하는 호오(好惡)와
미추(美醜)는 무엇인가?

좋은 일은 나쁜 일로 변할 수 있고, 나쁜 일은 좋은 일로 변할 수 있다. 아름다운 것은 추악한 것이 될 수 있고, 추악한 것은 아름다운 것이 될 수 있다.

선비가 공부하는 위기지학은 무엇인가?

선비는 공부할 때 거경(居敬), 궁리(窮理), 역행(力行)의 세 가지를 학문하는 태도의 기축으로 삼는다.

선비는 우주와 생명을 외경심으로 대하고, 만사만물의 이치와 본질을 부단히 탐구하며, 배운 것을 온몸으로 힘써 실천하는 자세를 갖는다. 실천은 사리(事理)의 인식 없이는 오류에 빠져버리고, 사리의 인식은 실천으로 나아가지 못하면 공허해지며, 궁리와 역행이라는 것은 오롯이 경건한 마음으로 해야 소기의 성과를 거둘 수 있기 때문이다.

선비는 위기지학(爲己之學)을 모토로 한다. 위기지학은 남의 눈치를 보는 학문이 아니다. 자아완성을 위한 공부를 말한다. 상대적으로 일등(First)을 하고 최고(Best)가 되는 공부가 아니다.

먼저 자기의 인성, 인품, 인격을 고양시켜 사람으로서 '된 사람'이 되고, 더 나아가 공동체를 위해 반드시 필요한 사람(Only one)이 되기 위한 공부를 하는 것이다.

선비는 퍼스트(First)보다 온리 원(Only one)을 중시하고, 최고보다 최선을 중시한다. 선비는 사회에 꼭 필요한 인재가 되는 것을 원한다. 선비는 내가 없으면 다른 사람이 대신할 수 없는 자질과 능력을 갖춘 인재가 되는 것을 원한다. 나아가 널리 타인에게 이로움을 줄 수 있는 인재가 되는 것이 선비가 모토로 하는 위기지학의 공부하는 태도이다.

위기지학(爲己之學)의 반대되는 개념에 위인지학(爲人之學)이 있다. 위인지학은 자아완성을 위한 공부가 아니다. 오로지 남의 눈을 의식하여 남에게 잘 보여주기 위한 공부를 말한다. 사람으로서 인성, 인품, 인격을 고양하고 자질과 능력을 개발하여 세상에 보탬이 되려는 공부가 아니라, 오직 타인의 눈길을 받기 위한 대증적(對症的) 공부를 하는 것이다. 그리하여 자아완성에 관계없이 지위 향상과 출세를 꾀하고, 타인을 짓밟더라도 윗사람에게 잘 보이려 하고, 상사의 인정을 받아 자신의 성공만을 위한 행위를 하는 것이 위인지학의 공부하는 태도이다.

위인지학으로 공부한 사람은 강력한 자존심을 가지게 된다. 바로 자존심만 높은 사람이 되는 것이다. 자존심이란 나를 내세워서 남에게 대접받기를 원하는 마음이다.

자존심이 강한 사람은 타인으로부터 인정받기를 강하게 기대한다. 어쩌다가 타인이 나에게 대접하기는커녕 나를 경멸하게 되는 상황이 발생하면, 자신을 주체하지 못하고, 결국 자신을 이기지 못하여 스스로 목숨을 거두는 일까지도 발생한다. 이런 삶은 오로지 타인의 눈만을 의식하는 삶이다. 그러므로 타인의 눈이 없는 곳에서는 무슨 짓이라도 할 수 있는 사람이다.

자존심(自尊心)과 반대되는 개념에 자존감(自存感)이 있다. 자존감이 높은 사람은 위기지학으로 공부한 사람이다. 자존감이 높은 사람은 남에게 인정받기 이전에 스스로 자신을 먼저 인정하는 사람이다. 타인의 눈보다 자신의 눈을 먼저 의식한다. 스스로 자신을 사랑하는 사람이다. 따라서 타인의 눈이 없는 혼자 있는 시간에도 경건한 삶의 태도를 흩뜨리지 않는다. 자신이 스스로 사람다운 사람이 되기 위해 자신의 인격 향상을 위해 매진하는 사람이다. 그 결과 타인으로부터의 인정은 자연스럽게 돌아오는 결과물에 지나지 않는다.

선비는 자존심이 높은 사람이 아니라, 자존감이 누구보다 높은 사람이다. 퇴계(이황)는 이렇게 말한다.

"선비의 학문은 자신을 위할 따름이다. 이른바 자신을 위한다는 것은 의도하는 바 없이 그러하다는 것으로, 깊은 산 속 무수한 수풀 속에서 한그루의 난초가 종일토록 향기를 내면서도 스스로 향기로움을 알지 못하는 것과 같으니, 이것이 바로 선비가 행하는 위기지학의 의미에 맞는다."

퇴계(이황)는 또 이렇게 말한다.

"학문을 하는데 사리의 탐구를 행하지 않으면, 알지 못하는 일도 마치 아는 것처럼 여기게 되어, 그 결과 사실무근의 말을 지어내고 의미가 닿지 않는 일들을 합리화하여 자기 자신은 물론 남들마저도 속이게 된다."

요하문명이 낳은 인(仁)사상은
단군의 건국철학의 근본이다.

한국인은 유라시아 대륙에 요하문명을 전수한 찬란한 문화 대국이던 고조선이 멸망한 이래로, 천여 년이 넘도록 국경을 접한 중국으로부터 시달림과 영향을 크게 받아왔다. 그러면서도 여진족(만주족)이나 거란족처럼 중국인으로 동화되지 않았고, 위구르족이나 티베트족처럼 중국에 합병되지도 않았다. 처음부터 오늘에 이르기까지 독립적 언어와 독자적 문화를 간직하고 계승 발전시켜 한국인의 정체성을 잃지 않고 살아왔다.

그 비결은 무엇일까?

한국인은 상고사에서 보듯이 자신들이 하늘의 자손이라 믿었다. 부여, 고구려, 백제, 신라, 가야, 발해의 자손도 같은 민족인 하늘의 자손이라 생각했다. 고조선과 삼한시대와 삼국시대를 거치는 동안에도 한국인 조상들은 하늘의 자손이라는 천손의식(天孫意識)을 바탕으로 독자성을 자각하여 우리나라의 풍토에 맞는 언어와 의식주 문화를 누리며 지켜왔다.

한국인의 주체성과 정체성으로 찬란한 민족문화를 꽃피운 임금이 조선의 세종대왕이다. 15세기 초 세종은 과학농업 정책과 문화 융성 정책의 양립으로 조선을 당대 세계 최고 수준의 지식기반 문화국가로 발전시켰다.

조선의 이종휘는 한국의 민족 종교가 신교(神敎)라는 사실을 밝혀냈다. 한치윤과 김정희는 한국 문화의 뿌리를 고조선뿐만 아니라 대륙의 동북 지방에 넓게 퍼져 살고 있던 동이족으로 시야를 넓혀 이해했으며, 동이족이야말로 스스로 발명한 한자를 중국의 한족에게 물려준 문화 민족임을 자랑스럽게 밝혀냈다. 또 중국 산동성의 동이족 사회에 살았던 공자가 동이족 사회의 아름다운 문화와 풍속을 정리하여 원시 유학의 인(仁) 사상을 창출했다는 결론에 이르렀다.

인(仁) 사상은 그 자체가 선함이고 착함이며 사랑이고 어짊이다. 글자의 표현 자체가 사람과 사람 사이의 관계를 나타내고 있다. 인(仁) 사상은 인간과 인간, 인간과 자연, 인간과 사물 사이를 말하는 관계론이다. 관계론의 핵심은 선이고 어짊이며 사랑이다. 선비의 선한 정체성을 지니고 있는 인(仁) 사상은 단군의 건국 철학인 홍익인간(弘益人間), 제세이화(濟世理化), 성통광명(性通光明)에도 맞닿아 있다.

나는 너이기에 바로 나이다.

나는 너를 없앨 수 없고
너는 나를 없앨 수 없다.

나는 내가 아니고
너는 네가 아니다.

나이기에 바로 너이고
너이기에 바로 나이다.

도덕성과 인간성은 법보다 우위에 있다.

선비는 행복을 미래의 어느 시점이 아니라, 바로 지금 이 자리의 여기에서 찾아 그것을 누리려고 하는 사람이다. 선비는 어떠한 경우에 처해도 현재 자기에게 주어진 모든 것에 감사하는 마음을 갖는다. 지금 있는 자리를 전적으로 받아들여 하늘의 뜻인 도를 땅에 실행하기 위해 덕을 쌓는 일을 할 뿐, 그밖의 것을 바라지 않는다.

하늘의 운행은 역동적이다. 선비는 이를 본받아 자강불식 하는 사람이다. 땅의 형세는 만물을 담아 키운다. 선비는 이를 본받아 인(仁)으로 포용하고 의(義)로 끌어안아 만물을 키우려는 사람이다.

선비는 사회를 유지하고 관리하는 데 법보다 도덕성과 인간성을 강조하는 삶을 산다. 인간의 본성인 인·의·예·지는 생명 존재 공동체의 근간이므로, 사람과 사람 사이의 관계를 맺는 데에는 법과 같은 타율적 강제 규범이 개입할 여지가 원천적으로 없다고 보는 것이다. 선비는 법과 같은 강제 규범은 타인을 신뢰하지 못하는 '만인에 대한 만인의 투쟁' 사회에서나 있을 수 있으며, 약육강식의 정글 사회에서나 유효한 타율적이고 외재적인 수단이라고 생각한다.

법이란 나와 남 사이에 분할과 경계를 전제함으로써 인간관계를 매우 취약하게 만든다. 인간관계가 취약한 사회는 이기적 개인주의 사회이다. 이기적 개인주의 사회에서는 자타 간 인간적 교류와 공감과 소통의 길이 막혀 있다. 사람들은 서로 신뢰하지 못한다. 그러므로 사람들은 타인들과의 문제를 오직 법에 호소하고 규정에 매달린다. 모든 문제를 소송으로 해결하려고 든다. 개인주의 사회에서 현저하게 나타나는 고소, 고발의 대량 생산이 이를 잘 증명하고 있다.

공자는 이렇게 말한다.

> "백성을 법과 규율만으로 이끌고 형벌만으로 제재하려고 하면, 그들이 악행을 드러내놓고 마구잡이로 하지는 않겠지만, 그 악행을 사람들이 모르게 하려고 자신을 속이고 타인을 속일 것이다. 결국 악행을 원천적으로 부끄러워할 줄 아는 사람이 줄어들 것이다. 사람은 양심에 꺼리는 일을 부끄러워해야 한다. 만약에 백성을 도덕으로 인도하고 예로 다스린다면 그들은 부끄러움을 알게 될 것이요, 또한 양심의 가르침대로 옳고 바르게 살려고 다짐할 것이다."

선비는 법을 부정하지 않지만, 법은 최후의 방책으로서 도덕성에 뿌리를 둔 '어짊의 정치'(仁政)를 제일로 생각한다. 인간성과 도덕성을 강조하는 정치가 바로 '어짊의 정치'이다.

선비는 나와 남으로 분할하고 경계를 짓는 사회가 아닌, 우리라는 생명 존재 공동체 의식을 보존하기 위해 노력한다. 그러므로 격물·치지·성의·정심으로 개인 인격을 확립하는 것을 인간이 해야 할 가장 기본 덕목으로 본다. 그런 다음에 확립된 수신을 기반으로 제가·치국·평천하의 과정을 거치면서 온 세상 모두가 더불어 평안, 평등, 평화를 누릴 수 있는 공동체의 사회 인격 덕목을 확립하기 위해 노력하는 것이다.

퇴계(이황)는 선조 임금에게 이렇게 상소했다.

"배려함·의로움·청렴함·부끄러움(禮·義·廉·恥)은 나라의 근본 기강으로서, 이 네 가지가 행해지지 않으면 나라는 멸망하고 맙니다."

성선설과 성악설은 시장경제와
통제경제의 어머니다.

인성은 본래 선한 것이다. 그래서 장자는 절대적 자유를 추구했다. 장자는 맹자의 성선설을 계승했다.

인성은 본래 악한 것이다. 그래서 한비자는 절대적 통제를 주장했다. 한비자는 순자의 성악설을 계승했다.

장자가 희망한 것은 자율적 규율(자유)이다. 한비자가 강조한 것은 강제적 전제(통제)이다.

자율적 규율은 자유 시장경제를 낳았고, 강제적 전제는 통제 공산경제를 낳았다.

평등주의의 허구성이 불평등을 만든다.

선비는 평등주의의 허구성을 꿰뚫어 본다. 선비는 사회의 불평등 구조를 이용해 신분 이익을 챙기려는 짓거리를 가장 경멸한다. 선비가 가장 부끄럽게 여기는 것은 권위와 권력과 허명을 이용해 개인의 이익을 취하는 일이다.

『역경』은 이렇게 기술하고 있다.

> "귀한 신분은 천한 신분을 바탕으로 하고, 윗사람은 아랫사람을 토대로 한다. 그르므로 아랫사람을 이익되게 하면 아래와 위의 사람들이 함께 이익을 얻을 것이요, 아랫사람에게 손해를 끼치면 아래와 위의 모든 사람들이 함께 손해를 입을 것이다."

『맹자』는 이렇게 말하고 있다.

> "만물이 제각기 다른 것이야말로 그것들의 실상이다. 그 차이가 어떤 것은 두 배 또는 다섯 배가 되기도 하고, 또 어떤 것은 열 배, 백 배, 혹은 천 배, 만 배가 되는 것도 있다. 그런데도 그대가 그것들을 모두 동일시해버린다면, 이는 온 세상을 혼란에 빠뜨리는 짓

이다. 만약 좋은 신발과 나쁜 신발의 값이 같다면, 누가 좋은 신발을 만들려고 하겠는가?"

조선시대 선비의 표상이었던 퇴계(이황)의 『언행록』에는 다음과 같은 제자의 말이 기록되어 있다.

"선생님은 한양에서 벼슬할 때 받은 녹봉을 스스로 먹고살 만큼만 남기시고, 나머지는 모두 가까운 사람들에게 친소와 빈부에 따라 나누어주셨습니다."

겉모습을 보고 사람을 판단하면 아주 위험하다.

비천한 사람이 가장 총명할 수 있고, 고귀한 사람이 가장 우둔
할 수 있다. 겉모습을 보고 사람을 판단하는 것은 아주 위험한 일
이다.

선비는 덕향(德香)을 내는 사람이다.

난향(蘭香)은 백 리를 가고
묵향(墨香)은 천 리를 가고
덕향(德香)은 만 리를 간다.

난향은 난의 향기이고
묵향은 붓의 향기이고
덕향은 사람의 향기이다.

선비는 난향을 맡고
선비는 묵향을 즐기고
선비는 덕향을 내는 사람이다.

인류정신문화 뿌리 선비사상 바로 알기

유유상종은 우주의 기본 법칙이다.

좋은 사람은 좋은 사람끼리 모이고
나쁜 사람은 나쁜 사람끼리 모인다.

좋은 사람이 모이면 좋은 기운이 모이고
나쁜 사람이 모이면 나쁜 기운이 모인다.

좋은 기운이 모이면 환한 기쁨이 모이고
환한 기쁨이 모이면 밝은 행복이 모인다.

비슷한 파동은 서로를 끌어당겨 주는 상생 기운이 있다. 유유상
종은 우주의 기본 법칙이다.

**지식은 주고받을 수 있지만
지혜는 오직 깨달을 수밖에 없다.**

지식과 지혜는 다르다.

지식은 사회에 속하고
지혜는 개인에 속한다.

지식은 주고받을 수 있지만
지혜는 오직 깨달을 수밖에 없다.

인류정신문화 뿌리 선비사상 바로 알기

옳고 바른 삶은 옳고 바른 죽음을 맞이한다.
재생과 불멸의 씨앗은 나와
타인의 도덕성을 완성하는 것이다.
죽음은 혼과 백 양자의 불러를 의미한다.

인간의 죽음은 문화적이다. 동물의 죽음이 단순히 생물학적인 죽음에 불과한 것과는 다르다. 인간의 죽음은 지역적으로 각양각색의 다양한 문화적 의미를 담고 있다. 그것은 인간의 삶이 문화적이기 때문이다. 따라서 인간의 죽음도 문화적일 수밖에 없다.

인류문화사가 보여주는 다양한 지역의 다양한 양식의 장례 절차가 그것을 단적으로 보여준다. 삶의 문화가 그 문화 속에 살고 있는 사람들에게 지대한 영향을 끼치는 것처럼, 죽음의 문화도 그 문화 속에 살고 있는 사람들에게 막대한 영향을 미친다.

선비는 사물은 결코 독립된 개체로 존재하지 않는다고 생각한다. 만물은 자타 간 유기적 관련 속에서 상호의존하고, 상보상생으로 존재하며, 끊임없이 생성 진화해나간다.

선비는 사물의 본질과 의미를 파악할 때 타자와 단절시킨 채 그 개체에게만 시선을 집중시키지 않고, 자타의 상보적이고 상생적이며 상관적인 관계를 함께 파악한다. 선비는 자신의 죽음을 존재의 부정으로 여기지 않고, 뒤로 이어지는 후손으로부터 새로운 긍정을 전망한다. 선비는 생명의 연대질서 속에서 '내가 어디서 왔는가?'를 생각하고 '내가 어디로 갈 것인가?'를 거슬러 생각한다.

개체주의에서 얘기하는 '개체'(Individium)는 그리스어의 '원자'를 라틴어로 변역한 단어이다. 개체화(원자화)는 사물들 사이의 연대적 요소를 간과한다. 그렇게 되면 사물들은 자타 간에 단절적 또는 불연속적이 된다. 이렇게 되면 사물 또는 개인의 존재 전후에 놓여 있는 절대적 무에 대하여 해명할 수 있는 방법을 찾지 못하게 된다. 그러므로 낯설고 이해되지도 않을 뿐만 아니라 원하지도 않는 죽음이라는 현상에 대하여 끊임없이 시달림을 당하게 된다. 이것이 바로 개인주의 사회에서 신이 탄생한 이유이다. 개인주의 사회에서 신 중심의 종교가 성행하는 이유이기도 하다. 신만이 창조주로서 존재와 죽음을 화해시켜주고, 죽음에 대한 불안과 공포로부터 벗어나게 해주는 유일한 구원자로 생각하기 때문이다.

선비는 죽음에 의해 자기의 존재를 상실당하지 않는다고 생각한다. 왜냐하면 후손의 삶 속에서 그의 현존은 연속적으로 지속한다고 생각하기 때문이다. 존재의 지속성을 확보하는 도덕적 기제가 바로 부모의 자식에 대한 '자애'와 자식의 부모에 대한 '효도'이다. 선비 가족의 족보는 바로 조상과 후손을 이어주는 가시적 증거물이 된다. 선비의 긍정적인 삶과 삶의 지속적 연대 관념은 족보에 나타나는 항렬 기록의 전통에서 확인된다.

이름을 지을 때에 적용해온 항렬은 목·화·토·금·수(木·火·土·金·水)의 상생순환 과정에서 존재의 연속적인 고리가 조상과 후손의 관계를 이어주는 생명 존재 연대감으로 표현된다.

선비의 삶은 인간의 역사적 주체성을 확인하고 실현시켜주는 삶이다. 역사적 주체성을 실현시켜주는 기준은 하늘의 뜻인 도(道)이다. 그리고 도(道)를 땅 위에 펼치고 쌓아가는 덕(德)이다. 때문에 선비의 삶은 도덕적 삶이 되고 역사적 삶이 되는 것이다.

죽음에 대한 반항은 개인의 자기중심적 집착에서 일어난다. 개인의 자기중심적 집착에서 벗어날 수 있다면, 존재의 전환 속에서 죽음이라는 절망을 극복할 수 있다. 선비는 평소에 옳고 바른 삶을 영위하면, 그것이 바로 옳고 바른 죽음을 맞이하는 길이라고 생각한다.

선비는 끝을 돌이켜 처음을 깨닫고, 그리하여 삶과 죽음의 이치를 이해하고 인식하는 존재이다. 재생과 불멸의 씨앗이 되는 나와 타인의 도덕성을 완성하는 것이 선비의 일차적 덕목이다. 따라서 선비는 현세의 도덕적 완성을 무시한 채, 오로지 내세의 천국만을 약속하면서 사람들을 종교적 수단으로 몰고 가는 것은 바람직하지 못하다고 생각한다. 왜냐하면 진리는 하나뿐이고, 종교는 진리를 추구하는 수단에 불과하기 때문이다. 종교는 수단이고 방법이기 때문에 다양할 수 있다. 그러나 진리는 다양할 수 없다. 진리는 오로지 하나이기 때문이다.

종교는 수단이기 때문에 일탈할 수 있는 요소를 배제할 수 없다. 종교가 진리를 추구한다는 방편을 내세우면서 일탈하면, 사람들은 오로지 개인의 미신 안에 갇혀버린다. 이렇게 되면 생명 존재 공동체 정신의 빈곤을 초래할 뿐만 아니라, 사람들을 결국 죽음의 불안과 공포에 떨어뜨리게 된다.

선비의 존재 공동체 정신과 종횡에 걸친 존재 확장의 이념은 죽음으로부터 위협을 최소화해주고, 어느 미래에 오는 죽음을 사람의 삶 속에 편입시켜준다.

선비가 생각하는 죽어도 썩지 않는 삶의 실천 방법은 첫째, 도덕을 일상생활에 실천하는 데 있고, 둘째, 다른 사람들을 위해 도움이 될 수 있는 공적을 성취하는 데 있으며, 셋째, 모든 사람들을 위해 공평하고 공정한 정론을 확립하는 데 있다.

선비는 상례 절차를 마친 이후에도 계속적으로 죽은 이와 교류를 청한다. 이를 제사(祭祀)라고 칭한다. 제(祭)란 교류, 교제를 의미하고, 사(祀)는 자기를 본다는 의미이다. 선비가 모시는 조상의 사당과 신주는 죽음을 넘어 후손과 함께 이승의 삶을 영위하도록 만들어진 성역이다. 제사는 생자(生者)와 사자(死者) 사이를 소통시켜주는 통로가 되어 사람의 생존과 죽음을 화해시켜주는 의식이다. 선비는 제사를 통해 경건한 삶에 임하는 자신의 의식을 새롭게 한다.

조상에 대한 효심의 제일은 자신이 살아 있을 때 도덕적 삶의 영위로 올바른 삶을 가꾸는 데 있다고 생각한다. 선비가 제사를 올리기 전에 목욕재계하는 것은 조상에 대한 경건한 마음을 가지는 동시에, 그 자신이 현재의 삶에 대한 건강한 생활 철학을 유지하기 위함이다. 제사는 나를 낳아주신 조상의 은혜에 보답하고 올바른 삶의 근원으로 돌아가기 위해 생활 자세를 가다듬는 행위이다.

선비가 생각하는 혼백(魂魄)은 넋을 뜻한다. 혼백은 생명 활동을 주재하는 영적인 힘이다. 혼(魂)과 백(魄)을 나누어서 말할 때 혼은 기운상의 것을 말하고, 백은 체질상의 것을 말한다. 혼은 생명 활동상 각종의 기운에 작용하고, 백은 생명 활동상 질료적 바탕인 신체에 작용한다.

기의 영적인 힘이 혼이다. 그러나 만약 체질이 함께 있지 않으면 그것은 흩어지고 만다. 이는 마치 불이 나무에서 떨어지면 빛이 사라지는 것과 같다. 체질의 영적인 힘이 백이다. 그러나 만약 거기에

기가 흐르지 않는다면 그것은 사멸하고 만다. 이는 마치 수족에 생기가 통하지 않음으로 마비가 일어난 것과 같다. 혼과 백, 양자는 상호 의존하는 가운데 활동하며 서로를 기다려서 일체가 되는 것이다.

따라서 선비는 사람의 생명은 혼과 백의 결합 양상이고, 질병과 노쇠는 그것의 부조화, 불균형이며, 죽음은 혼과 백 양자의 분리를 의미한다고 생각한다. 죽음을 뜻하는 혼백의 분리 현상을 혼비백산(魂飛魄散)이라고 표현하는 이유이다.

『예기(禮記)』에는 혼(魂)과 기(氣)는 하늘로 올라가고, 형(形)과 백(魄)은 땅으로 돌아간다고 기록되어 있다. 율곡(이이)은 이렇게 말한다.

"사람이 죽으면 혼기는 하늘로 오르고 정백(精魄)은 땅으로 돌아가서 그 기가 흩어지게 된다. 그러나 사람이 만약 제명에 죽지 못하면 그 기가 흩어지지 않는 경우가 있는데, 그때는 울분의 기가 극도로 발하여 요망한 것이 된다. 이 또한 이치상 있을 수 있는 일이다."

율곡(이이)은 또 이렇게 말한다.

"제사 지내는 것은 이치가 있다. 사람이 죽은 지 오래지 않으면, 비록 정기는 흩어졌더라도 그 귀신(음양)은 바로 없어지지 않는다. 그러므로 나의 치성과 공경으로 조상의 귀신(음양)에 다가갈 수 있는 것이다. 이미 흩어진 기는 견문과 사려를 할 수 없는 것이 사실이지만, 정성으로 당신들이 계셨던 데를 생각하고 웃고 말씀하셨던 것을 생각하며 좋아하셨던 것을 생각하고 즐기시던 음식을 생각하며 마치 당신들이 항상 나의 눈앞에 보이는 듯 정도가 되면, 이미 흩어졌던 기가 이에 다시 모일 것이다."

선비는 귀신의 실체를 인정하지 않는다. 선비는 묵자(墨子)가 말한 '선한 사람에게는 복을 주고 악한 사람에게는 벌을 주는 귀신'을 인정하지 않는다. 선비는 귀신을 음양과 같은 뜻으로 받아들인다. 상례 때 사람이 죽은 직후에 흩어진 혼백을 부르는 복(復)의 예나 제사 때 거행하는 강신주(降神酒)의식 또는 분향(焚香) 의식 등에서 선비의 귀신에 대한 생각을 확인할 수 있다.

귀신은 인간의 생명 활동뿐만 아니라 만물의 생성 변화에 역동적으로 작동하는 음양의 두 기운을 뜻하는 것이다. 음양을 두 기(氣)로 말하면 귀(鬼)는 음의 영적 기운이고, 신(神)은 양의 영적 기운이다. 『중용(中庸)』에는 이렇게 기록되어 있다.

"신(神)은 양의 영적 기운이고, 기(氣)가 왕성해지는 것은 신이다. 반대로 귀(鬼)는 음의 영적 기운이고, 기가 쇠잔해지는 것은 귀이며, 양자는 기실 한 가지일 뿐이다."

퇴계(이황)는 귀신에 관하여 임금에게 이렇게 대답한 일이 있다.

"귀신의 정황이 불분명하고 미묘하여 알듯 모를듯한 데에다 사람에게 들러붙은 귀신은 그 중에서도 사악하고 요망한 것입니다.

이것을 이용하여 사람들을 속이는 무당이란 자들은 모두가 요망스럽고 괴이한 짓들을 날조하여 자기네들의 영험한 능력을 과시합니다. 그런데 무당을 찾아가는 사람들은 이미 화를 피하고 복을 구하려는 마음에 빠져서 무당의 말을 듣는 것이기 때문에, 그들이 무당에게 쉽게 현혹당하고 그를 깊이 믿는 것은 이상할 게 없습니다. 그러나 그것이 무익할 뿐만 아니라 오히려 해롭다는 것을 알기는 그리 어려운 일이 아닙니다."

선비의 귀신에 관한 생각은 그의 조상 숭배 의식과 연접되어 있다. 선비는 조상을 자기 존재의 거대한 뿌리로 생각하고, 자신도 죽은 뒤 후손들의 배례를 받으며 영속적으로 살아가는 것이라 기대하는 것이다. 선비는 자신의 앞뒤로 도도하게 흐르는 종족 생명의 거대한 물결을 현재의 자신 안에서 발견하고 확인하며, 순간의 삶 속에서 영원한 생명 의식을 향유하는 존재다.

선비의 인생관과 사생관을 보면, 선비 정신은 홍익 정신에 연결되어 있고, 홍익 정신은 개천 정신에 연결되어 있으며, 개천 정신은 우주 원리에 연결되어 있음을 발견하게 된다. 따라서 선비 정신의 근본은 우주 원리이다.

우리나라가 국경일로 기념하는 개천절(開天節)은 '하늘을 펼친 날' 또는 '하늘을 연 날'을 기념하는 날이다. 하늘을 열고 하늘의 뜻을 펴기 위해 나라를 세운 국가는 대한민국이 유일하다. 이러한 국경일을 가진 나라는 세계에서 우리나라가 유일하다. 그리고 태극기는 세계에서 유일하게 우주 원리를 표기한 국기이다.

고정불변은 존재하지 않는다.

좋은 일이 끝에 이르면 나쁜 일로 바뀌고
나쁜 일이 끝에 이르면 좋은 일로 바뀐다.
고정불변은 없다.

재앙은 복락이 그 안에 기대어 있고
복락은 재앙이 그 속에 숨 쉬고 있다.

선은 경우에 따라 악이 될 수도 있고
악은 경우에 따라 선이 될 수도 있다.

정(正)은 경우에 따라 사(邪)가 될 수도 있고
사(邪)는 경우에 따라 정(正)이 될 수도 있다.

진선미를 생활화하는 삶이 선비의 삶이다.

사람의 본성을 알고 세상의 이치를 깨달아 인생의 방향을 보는 지혜를 다지며, 탐·진·치를 멀리하고 진·선·미를 생활화하는 삶이 선비의 삶이다.

선비 수양의 핵심어는 수기안인(修己安人)이다. 수기는 개인적 차원의 개인 인격 완성이고, 안인은 사회적 차원의 공공인격, 공동체 인격의 실현이다.

경학(經學)은 수기(修己)를 위한 학문이고, 경세학(經世學)은 안인(安人)을 위한 학문이다. 경은 근본(本)이고, 경세는 말미(末)이다.

개인 인격을 먼저 확립하여 공공 인격, 공동체 인격을 실현시키는 사람이 선비이다. 공동체의 구성원과 공동체를 이끄는 지도자의 삶은 선비의 삶이 되어야 한다.

선비정신의 요체는
인·의·예·지·효·충·경·신(仁義禮智孝忠敬信)의
8가지 글자에 포함돼 있다.

인간의 삶에서 선비가 생각하고 말하며 행동할 때 실천 덕목의 바탕으로 삼아 내려온 우리나라의 전통 정신을 선비 정신이라고 칭한다. 선비 정신의 요체는 인·의·예·지·효·충·경·신(仁·義·禮·智·孝·忠·敬·信)의 8가지 글자로 요약할 수 있다.

8가지 요체 중에서 인·의·예·지(어짊, 옳음, 바름, 슬기)는 개인 인격 확립을 위한 덕목이고, 효·충·경·신(배려, 책임, 섬김, 신뢰)은 사회 인격 확립을 위한 덕목이다.

선비 정신을 실천하지 못할 때는 선비 정신이 되지 못한다. 아무리 유려하고 화려한 말로 치장하더라도, 스스로 실천하지 못하는 덕목은 선비 정신이라 할 수 없다. 선비의 실천 덕목 중에서 리더로서 갖추어야 할 '선비 리더십'의 요체는 8가지로 정리된다.

- 지행일치(知行一致) : 배운 것을 행동으로 실천한다.
- 언행일치(言行一致) : 말한 것을 행동으로 실천한다.
- 심행일치(心行一致) : 마음먹은 것을 행동으로 실천한다.
- 살신성인(殺身成仁) : 자신의 몸을 던져 어짊을 실천한다.
- 거의소청(擧義掃淸) : 정의의 깃발을 높이 들어 소인배와 인간쓰레기를 쓸어낸다.

- 극기복례(克己復禮) : 개인의 사욕을 다스려 공동체 이익을 위한 예로 돌아온다.

- 법고창신(法古創新) : 전통을 바탕으로 새 시대를 위한 시대의 공동선을 창조한다.

- 솔선수범(率先垂範) : 인간의 본분을 위해 스스로 앞장서 나가 모범을 실천한다.

우리나라 상고사에는
환인, 환웅, 단군이 실존한다.

1만 2천여 년 전 배달민족의 조상들 얘기가 전해온다. 황궁이 권속을 이끌고 천산주에 도착하니, 지구 무게의 중심이 23.5도 기울어졌을 때다. 황궁은 유인을 낳고 유인은 환인을 낳는다.

환인이 한국(환국)을 세워 7대를 다스린다(BC 7199-BC 3898). 환웅이 배달국(밝은 나라)을 세워 18대를 다스린다(BC 3898-BC 2333). 단군이 조선(고조선)을 세워 47대를 다스린다(BC 2333-BC 108).

BC 2181년 제3대 가륵단군이 을보륵에게 명하여 국문정음을 만든다. 이것이 가림토 문자 총 38자이다. AD 1443년(세종 25년) 세종대왕이 옛 전자(篆字)를 본떠 훈민정음을 만든다. 여기서의 옛 전자는 가림토 문자를 칭한다.

『조선왕조실록』 세종 25년 12월 30일자에는 이렇게 기록되어 있다.

"이 달에 임금이 직접 언문 28자를 만들었다. 그 글자는 옛 전자(篆字)를 본떴는데, 초성 중성 종성으로 나누어 합한 연후에야 글자를 이룬다. 무릇 문자에 관한 것과 우리나라의 이어(里語)에 관한 것을 모두 쓸 수 있다. 글자는 비록 간요하지만 전환이 무궁한데,

이를 훈민정음이라고 일렀다."

세종은 당대 최고의 언어학자였다. 옛 전자를 본떠 인체의 구강에서 나오는 소리의 발음을 연구하여 자음을 만들고, 우주의 천지인을 상징하는 모형으로 모음을 만들었다.

한글은 율려(律呂)의 소리 파동을 전하는 언어문자이다. 자음과 모음의 위치를 바꾸어 만들 수 있는 글자가 1만 1천여 자에 이른다. 이는 세상에서 들을 수 있는 모든 소리를 글자로 표현할 수 있다는 뜻이다. 지구촌에 있는 모든 문자 중에서 으뜸이다.

소리(音)는 인체의 신경계와 순환계에 영향을 준다. 인간의 DNA 연구로 노벨상을 받은 레오나드 호로비치 박사는 이렇게 말한다.

> "뇌의 감각 운동의 삼분의 일은 혀, 구강, 입술, 말하기에 할당된다. 다른 말로 하면 구강, 발성, 또는 노래의 주파수는 총체적 행복과 심지어 종(種)의 진화에 영향을 주는 유전자를 진동시키며 생명을 총체적으로 강력히 조종한다."

세계 최고인 한글 표음문자(소리문자)는 태양천음(太陽天音)의 파동 형상으로 인간에게 전달된다. 댄 윈터는 글자가 발음될 때 물질을 신성한 기하학적 패턴으로 바꾸는 진동 주파수를 생성하는 것을 실험으로 증명한 과학자이다. 촛불을 향해 특정 단어(만트라, 진언)를 읊조리면, 단어가 방출하는 주파수에 영향을 받아 촛불의 색깔과 강도가 변한다는 것이다. 이와 같은 원리로 인체의 혈압을 높이거나 낮출 수도 있다.

소리의 진동이 일으키는 이런 변화는 인간의 정신에도 미치며, 주변 환경에 영향을 주어 온기와 한기를 일으키기도 한다. 소리는 단순한 진동 신호 이상으로 생명체와 상호작용할 뿐 아니라, 생명체를 유지하고 진화시켜주는 작용을 보이기도 한다. 소리는 사람, 사회, 문명 간 의식의 매개체로 작용하는 파동 에너지이다.

한글의 표음문자는 인류 최고의 과학적, 합리적, 논리적, 편의적, 기계적, 디지털 문자이다. 지구의 주파수는 7.83Hz이고, 인간의 생명 주파수도 7.83Hz이다. 지구와 생명의 공명 주파수는 7.83Hz이다 (슈먼 주파수). 한글을 읽을 때 7.83Hz로 읽으면 태양천음에 연결된다. 태양천음은 지구 의식을 우주 의식으로 연결해주는 소리 파동 에너지이다. 다만 7.83Hz는 가청 주파수 범위(20Hz-20,000Hz)보다 훨씬 낮기 때문에 인간의 귀에 들리지 않는다.

귀하고 좋은 약은 마음의 즐거움에 있다.

자연은 조화와 균형의 보고다.

병은 어디에서 오는가? 병은 결핍, 빈곤, 부족, 단절에서 온다. 병은 과잉, 과로, 과색, 탐욕에서 온다. 병은 부조화, 불균형에서 온다. 조화, 균형, 융합, 소통, 적절에서는 병이 오지 않는다.

의학은 나날이 발전하는데, 질병은 나날이 늘어나고 있다. 인간의 몸은 원래 병에 걸리지 않게 면역 체계로 보호되어 있다. 그런데 면역 체계를 스스로 파괴하는 일을 자기도 모르게 저지르는 사람이 많다.

아기는 긴장을 모른다. 아기는 두려움을 모른다. 아기는 울기도 하지만 웃기도 잘한다. 아기는 하루에 400번 정도 웃는다고 심리학자들은 말한다. 어린이는 하루에 40번 정도 웃는다. 어른은 하루에 4번 정도 웃는다. 이것은 평균이다. 하루에 한 번도 웃지 않는 어른도 많다. 잘 웃는다는 것은 어른이 아기의 상태로 돌아간다는 것을 의미한다. 아기처럼 잘 웃는다면, 우리의 몸은 자연 치유력인 면역력이 생겨 병이 예방될 수 있다. 건강 생활을 위해 무엇보다 중요한 것은 인생을 파안대소하는 일이다.

웃음으로 불치의 병을 치유해낸 사람은 많다. 미국인 노먼 카슨스는 대표적인 사례를 만든 사람이다. 미국의 케네디 대통령 시절, 그는 1960년대 한창 사회적 지위(토요 리뷰 편집장)를 갖고 열심히 일하는 중에 강직성 척수염이라는 희귀병에 걸린다. 뼈와 뼈 사이에 염증이 생겨서 엄청난 통증과 함께 몸이 시멘트처럼 굳어가는 병으로, 당시의 의학적 판단으로는 죽음에 이르는 불치병이다. 그는 앞으로 할 일이 많은데 나이 49세에 죽는다고 생각하니 너무 원통하고 분한 생각이 들었다.

노먼 카슨스는 어느 날 침대에 누워서 책 한 권(*Stress of the life: written by hans selye*)을 읽다가, "merry heart is good medicine(즐거운 마음은 좋은 약이다)"이라는 구절을 발견한다. "아, 바로 이거다. 귀하고 좋은 약은 마음의 즐거움에 있구나!" 하고 그는 깨닫게 된다.

그로부터 노먼 카슨스는 오늘부터 즐겁게 살아야지, 웃으며 살아야지, 하면서 마음껏 웃기 시작한다. 그는 코미디 프로를 보면서 크게 웃고, 유머집을 읽기도 하고, 즐거운 노래를 들으면서 하루하루를 보내기 시작했다. 그는 폭력적이거나 부정적인 생각을 불러올 만한 책과 텔레비전 프로그램은 일체 보지 않았다. 그리고 가족과 주위 사람들에게도 자신에게 일체 부정적인 말을 하지 않도록 당부했다. 대신에 긍정적 생각을 불러오고, 희망을 갖게 하며, 웃음을 가져다주는 대화를 주로 하면서, 오로지 즐거운 일만 상상하면서 나날을 보내기로 했다.

그는 놀랍게도 많이 웃으면 웃을수록 통증이 점점 약해지는 몸의 변화를 감지하게 된다. 통증이 서서히 줄어들자 깊은 잠도 잘 수 있게 된다. 어느 날 아침 눈을 떠보니 굽었던 손가락 하나가 펼

처져 있는 것을 발견하고 깜짝 놀란다. 너무 놀란 나머지 그는 사랑하는 아내 엘렌과 딸 넷을 모두 불러서 소리친다. 펴진 손가락을 본 가족들도 깜짝 놀란다.

노먼 카슨스는 어쩌면 웃음이 치료제가 될 수도 있겠다는 생각이 불현듯 들었다. 그는 아침에 눈을 떠서 저녁에 취침할 때까지 더 많이 웃기 시작했고, 자기와 관계되는 모든 일을 긍정적으로 생각하며, 희망을 가지고 감사하는 마음을 잊지 않았다.

드디어 기적은 일어났다. 일 년이 조금 지난 뒤에 그의 병은 완치되었던 것이다. 너무나 신기하고 고마운 경험을 한 노먼 카슨스는 하버드 의과대학을 찾아가서 웃음으로 병을 이겨낸 자신에 대하여 연구해줄 것을 제안했다. 처음에는 그의 말을 무시하던 교수들도 거듭되는 간곡한 부탁을 받고 연구를 해보기로 수락했다.

그리하여 교수들은 사람이 한 번 크게 웃을 때마다 막혔던 미세 혈관들이 뚫린다는 놀라운 사실을 발견한다. 혈관이 뚫리면 신진대사가 좋아져서 모든 질병이 나을 확률이 더 커진다는 사실도 발견했다.

얼마 후 노먼 카슨스는 언론인 생활을 청산하고 의과대학에 정식으로 입학해서 웃음과 건강에 관한 연구를 본격적으로 시작한다. 그는 의과대학의 교수들이 깜짝 놀랄 정도의 논문을 발표하고, 드디어 의과대학 교수가 된다. 웃음치료를 위해 일생을 바치면서 웃음치료학의 창시자가 된 것이다.

그가 저술한 *Anatomy of illness*(질병의 해부)에는 "웃음은 건강의 방탄조끼다. 기뻐서 웃는 것이 아니라 내가 웃으니까 기뻐진다. 웃으면 꼬였던 모든 것이 풀리면서 스스로 건강해진다."라는 구절이 있다.

아리스토텔레스는 '웃음'은 사람의 몸에 유익한 '육체 운동'이라고 말한 바 있다. 한 번 통쾌하게 웃는 것을 운동과 비교해보니, 에어로빅 5분 하는 것과 맞먹는 효과를 내고, 통쾌한 웃음을 60초 동안 계속하니, 10분간 조깅한 것과 같은 효과가 나왔다는 연구 결과도 있다.

미국 UCLA 대학의 프리드 박사는 하루 45분 웃으면 고혈압, 심장병, 암을 비롯한 현대인의 스트레스성 질병의 치료가 가능하다고 논문에서 발표했다.

"우리 몸에는 완전한 병원이 있다. 그것은 바로 웃음이다."

이 말은 웃음치료학의 창시자 노먼 카슨스의 말이다. 웃기는 사람이 없을 때는 자신이 먼저 웃는다. 먼저 웃으면 다른 사람도 따라 웃는다. 웃음은 전염되기 때문이다. 모두 함께 웃어보자.

'가나다라마바사아자차카타파하'로 웃어보자.

가 : 가슴을 펴고 웃자! 가슴을 펴고 웃으면 엔도르핀, 세로토닌이 분비되고 기쁨이 충만해진다.

나 : 나부터 웃자! 내가 웃으면 거울도 웃고, 세상도 웃는다.

다 : 다 같이 웃자! 다 같이 웃으면 행복이 물밀듯이 찾아온다.

라 : 라일락 향기 풍기듯 웃자! 은은한 라일락 향기처럼 웃으면 기분이 날아오른다.

마 : 마음을 활짝 열고 웃자! 마음을 열고 마음껏 웃으면 세포가 웃고 정신이 웃는다.

바 : 바라보며 웃자! 눈을 마주보고 웃으면 마음이 통한다.

사 : 사랑하는 마음으로 웃자! 사랑하는 마음으로 웃으면 최고의 사랑이 된다.

아 : 아이처럼 웃자! 아이는 하루에 4백 번 웃는다. 아이처럼 웃으면 순수한 사람이 된다.

자 : 자신감을 갖고 웃자! 자신감은 긍정, 용기, 희망을 가져온다.

차 : 차를 타고 달리면서 웃자! 차를 타고 달리면서 웃으면 주위가 모두 밝아진다.

카 : 카리스마 넘치게 웃자! 카리스마 넘치는 웃음은 모든 사람을 끌어들인다.

타 : 타잔처럼 웃자! 숲속의 타잔처럼 웃으면 자연이 함께 춤춘다.

파 : 파도처럼 웃자! 바다의 파도처럼 웃으면 바다처럼 시원해지고 스트레스가 날아간다.

하 : 하루에 서른 번은 그냥 웃자! 그냥 웃으면 요절복통, 만사형통, 의사소통이 따라온다.

선비는 순수과학에 집요한 관심을 가진다.

2016년에 물리학자가 힉스 입자를 발견하여 세계의 물리학계는 한바탕 난리를 치렀다. 하지만 자세한 내용을 모르는 일반인들에게는 '그들만의 잔치'에 불과했다.

만약에 뇌 과학자가 '먹기만 하면 머리가 비약적으로 좋아지는 알약을 개발했다'고 하면 세상은 발칵 뒤집어질 것이다. 물리학이나 뇌 과학은 똑같은 과학이다. 그러나 후자의 반향이 압도적으로 큰 이유는 연구 대상이 일반 개인인 '나'와 직접 관련이 있기 때문이다.

특정 분야의 연구 결과가 나의 삶에 영향을 미칠 때까지 걸리는 시간이 짧으면 '응용과학'이 되고, 걸리는 시간이 수십 년, 수백 년, 수천 년이 걸리면 순수과학이 된다.

선비는 격물, 치지, 성의 정심으로 자신을 수련하여 먼저 개인 인격의 완성을 추구하는 사람이므로 순수과학에 집요한 관심을 가진다. 그것이 진리를 탐구하는 일차적 방법이기 때문이다.

인간은 자유의지의 주인공이다.

　인간은 우리와 전혀 다른 형태로 진화할 가능성이 매우 높다. 불확정성과 혼돈이 함께 존재하는 세상에 결정론을 적용하는 것은 처음부터 불가능하다.

　자유의지는 정말로 존재할까? 아마도 그럴 것이라고 생각한다. 인간은 모든 선택을 자신의 뜻대로 한다고 생각하지만, 인간의 의식은 이미 결정된 수천 가지 요인에 무의식적으로 영향을 받고 있는 것이 아닐까? 하지만 분명한 것은 양자역학적 요소와 혼돈의 미묘한 조합이 결정적 요소를 붕괴시킨다. 거기에 인간의 자유의지가 가미된다. 결국 인간은 언제까지나 자기 운명의 주인공으로 남을 가능성이 매우 크다.

인간이 존재하는 목적은 자신의 본성을
탐구하고 자신의 인격을 완성하기 위함이다.

우리 몸을 이루는 원자는 죽은 별의 잔해이다. 우리 주변에 있는 모든 원자는 먼 옛날 용광로 같은 별의 내부에서 생성되었다. 우리는 모두 별의 후손인 셈이다.

인간이라는 존재는 분자, 원자 그리고 뉴런의 집합에 불과한 것이 아닐까? 인간은 우주에서 조금도 유별난 존재가 아니다. 인간이라는 존재가 로봇처럼 생물학적 볼트와 너트에 불과하다면, 우주에서의 지위는 한없이 초라해진다.

인간에게는 '마음'이라는 소프트웨어가 작동하고 있다. 마음(생각·의식·정신·영혼)이 존재하는 모든 순간은 말할 수 없이 값지다.

인간은 삶의 목적을 놓고 고민할 필요가 있을까? 존재하는 것 자체만으로도 커다란 목적이 될 수 있지 않을까? 선비는 인간의 삶을 단순히 존재하는 삶이 아니라고 생각한다. 인간이 존재하는 목적은 자신의 본성을 탐구하고 자신의 인격을 완성하기 위함이다. 자신의 인격을 완성한 뒤에는 타인의 인격을 완성시켜주는 거름이나 자양분 역할을 해야 한다.

선비는 자신의 인격 완성을 1차적 삶의 목적으로 하고, 타인의 인격 완성에 도움을 주려는 노력을 2차적 삶의 목적으로 한다.

나노로봇에 인간의 본성인 착하고
선한 마음을 설계해야 한다.

생명공학, 로봇공학, 나노기술 등은 21세기를 대표하는 최첨단 과학이다. 21세기의 인류는 최첨단 과학의 수혜자이다.

지구촌 먹이사슬의 최고위층은 현재 인간이다. 앞으로 나올 '나노 로봇'은 인간보다 똑똑하고 인간보다 힘도 세고 인간보다 지능이 높다. '나노 로봇'은 늙지도 않고 질병에 걸리지도 않는다. '나노 로봇'에 밀려난 인간은 마침내 로봇의 노예가 되거나 섬멸되거나 궤멸될 것이다. 인간은 여기에 대비해야 한다.

어떻게 해야 할까? '나노 로봇'에 인간의 본성인 착하고 선한 마음을 설계해야 한다. 이것은 인간이 인류의 미래를 위해 반드시 해결해야 할 의무 중에서 가장 중요한 의무이다.

외계인들은 생물학적 몸을 버리고 정신만 존재할 가능성이 높다.

우주로 진출한 외계인들은 생물학적 몸을 버리고 의식(정신)만 존재할 가능성이 높다. 생물학적 육체는 기나긴 진화 과정에서 필연적으로 거쳐야 할 중간 단계에 불과하다. 지구적 인간이 외계인과 마주친다면, 그들은 생물학적 육체를 초월한 후 생물학적(post-biological) 존재일 가능성이 높다.

외계인 문명이 인간보다 수천 년 앞서있다면, 이미 오래전에 육체를 버리고 가장 효율적인 '컴퓨터 기반 육체'를 선택했을 가능성이 높다. 이렇게 되면 외계인의 의식은 self(자아)라는 개념을 버리고 행성을 덮은 정신적 '월드 와이드 웹'에 무형으로 존재할 것이다.

고도로 발달한 외계인들은 개인의 정체성을 버리고 집단의식에 흡수된 채 최고의 효율성으로 존재한다. 고도로 발달한 문명인(외계인)들은 현실보다 훨씬 흥미롭고 사실적인 가상현실을 개발했을수 있다. 지구적 인간이 지금 즐기고 있는 가상현실은 수천 년 앞선외계 문명의 가상현실과 비교하면 어린애 장난 같은 수준일 것이다. 외계인들은 무엇이든 할 수 있는 가상현실이 있는데, 무엇 하러그 먼 길을 날아와 지구인을 만나러 오겠는가?

우주에 인간과 같은 지적 생명체가
존재할 확률은 엄청나게 높다.

외계 행성이나 항성을 여행하는 가장 편리한 방법은 빛을 타고 여행하는 대신 빛 자체가 되는 것이다.

2011년 캐플러 위성이 보내온 '은하수 통계보고서'에 의하면 태양계(milky way galaxy)라는 은하는 약 2천억 개의 항성으로 이루어져 있고, 지구와 비슷한 행성은 약 10억 개나 존재한다. 옛날 같으면 별을 바라보면서 시적 감상을 떠올렸지만, 지금은 별에 존재하는 외계인이 우리를 바라볼 수도 있겠다는 생각이 떠오른다.

허블 우주 망원경이 보내온 관측 데이터에 의하면, 우주에는 약 1천억 개의 은하가 존재한다. 인간이 관측 가능한 우주 안에도 지구와 비슷한 행성이 1천억×10억 개나 존재하는 셈이다.

우주에 인간과 같은 지적 생명체가 존재할 확률은 엄청나게 높다. 우주의 나이가 138억 년이나 되므로 문명이 탄생하고 발전할 시간은 충분하고도 남는다. 아마도 이들 중 상당수는 이미 멸망했을 것이다. 만약 우주에 생명체가 지구에만 있다고 생각하는 것은 기적 중의 기적을 바라는 것과 같은 것이다.

의식은 에너지 형태로 전환되어
우주공간에 자유롭게 날아다니는 존재다.

우리는 생명체를 생각할 때 으레 생명 조직을 떠올린다.

생명체는 물리학과 생물학의 법칙을 따라야 하고, 지구에서 대기로 호흡하고 지구의 중력을 벗어나지 못한다. 우리가 아는 생명체는 이런 것들이다. 따라서 의식이 육체에 갇혀 있지 않고 에너지로 변환되어 우주 공간의 은하 사이를 자유롭게 날아다닌다는 아이디어는 낯설 수밖에 없다.

그러나 물리학과 생물학의 법칙에는 이를 금지하는 조항이 하나도 없다. 원리적으로 얼마든지 가능하다. 양자 컴퓨터를 이용하면 계산도 엄청나게 빨라질 뿐 아니라, 판타지 영화나 공상 과학소설에서 묘사하고 있는 것처럼 허공을 떠다니는 에너지 형태의 존재를 만들어낼 수 있다. 이 존재는 가장 순수한 형태의 의식으로 아무리 먼 곳도 순식간에 이동할 수 있다. 마치 귀신처럼 우주 공간을 자유롭게 떠다닐 수 있는 것이다. 따라서 인간의 의식은 육체에서 벗어나는 데 그치지 않고 순수한 에너지 형태로 존재하며, 우주 공간을 자유롭게 떠돌아다니며 존재할 수 있다. 이러한 것은 인간이 상상할 수 있는 궁극의 꿈이다.

지금 이런 말을 듣는 사람은 말도 안 되는 소리처럼 들릴 수 있

지만, 물리학 법칙이나 생물학 법칙에 위배되는 내용은 하나도
없다.

인간의 의식은 수명이 유한한 육체를
벗어날 수 있는 존재다.

노화란 무엇인가?

노화란 어린이의 키가 자라는 것처럼 자연스러운 현상이다. 하지만 그 원인에 관해서는 의학자들조차 의견 일치를 보지 못했다. 그러나 지난 10여 년 사이에 새로운 노화 이론이 출현하여 널리 수용되면서, 중구난방이던 의견들이 하나로 통합되고 있다.

기본적으로 노화는 유전자 및 세포 수준에서 오류가 누적되어 나타나는 현상이다. 세포가 나이를 먹으면 DNA에 오류가 쌓이고, 잘못된 세포 조각이 축적되면서 기능이 떨어지기 시작한다. 세포 기능에 장애가 생기면 피부가 늘어지고 뼈가 약해지며, 머리카락이 빠지고 면역 체계가 약해진다. 그러다가 어느 임계점에 도달하면 신체 기능이 완전히 정지한다. 죽게 되는 것이다.

세포는 자체적으로 오류 수정 기능이 있다. 그러나 시간이 지나면 여기에도 오류가 쌓여서 노화가 더욱 빠르게 진행된다. 기존의 노화방지는 유전자 요법이나 새로운 효소를 이용하여 세포 수리 기능을 강화한다는 개념이었다. 하지만 로봇 공학과 나노 기술의 발달로 '나노 로봇'을 개발하는 방법이 현실화되어가고 있다.

원자 크기로서 눈에 보이지 않는 아주 작은 기계인 '나노 로봇'은 사람의 혈관 속에서 혈액순환을 순찰하고, 암세포를 퇴치하며, 노화에 따른 손상을 복구하여 영원한 젊음과 건강을 유지해주는 역할을 수행할 수 있다.

원래 우리 몸 안에는 면역세포라는 '천연 나노 로봇'이 존재하여 혈액순환계를 제어하고 있다. 그러나 이들은 침입한 바이러스와 이물질 등을 퇴치할 뿐 노화 과정 자체를 막지는 못한다. 하지만 인간이 만든 '인공 나노 로봇'은 혈액순환계를 감시하는 일종의 다기능 면역세포 역할을 할 수 있는 것이다.

이 인공 면역세포는 암세포를 퇴치하고, 바이러스를 무력화시키며, 세포 찌꺼기와 돌연변이 세포를 깨끗이 청소해준다. '인공 나노 로봇'이 분자 또는 세포 수준에서 노화 과정을 막거나 되돌릴 수 있는 역할을 수행한다.

인간의 뇌 속에 들어 있는 뉴런은 천억 개가 넘는다. 우주에 있는 은하의 개수와 맞먹는 수준이다. 역설계(reverse engineering)를 구현해서 최소 단위의 뉴런으로부터 뇌를 재구성한다면, 인간의 의식을 컴퓨터에 업로드할 수 있다. 그렇게 되면 인간의 의식(정신)은 수명이 유한한 육체를 벗어날 수 있게 된다. 이것은 '물질을 다스리는 정신'이 아니라, '물질 없이 존재하는 정신'이 되는 것이다.

결국 컴퓨터 지능은 인간 지능을 능가하게 된다. 사람이 만든 로봇이 사람보다 더 똑똑해진다. 기계적 로봇의 성능은 끊임없이 개선되고 발전 속도가 점점 빨라져, 인간의 생체적 진화를 훨씬 능가한다.

인간은 로봇에 길을 내주든가, 아니면 로봇과 동체인 하나가 되든가, 선택해야 할 기로에 다다르고 있다.

외계인과 외계문명이 존재할 것이라고
과학은 대답하고 있다.

　우주의 나이 약 138억 년이다. 지구의 나이 약 45억 년이다. 지구적 생명 탄생의 나이 약 35억 년이다. 들끓는 용암의 불바다에 혜성과 운석의 융단 폭격이 끝나고, 비교적 환경이 안정된 후 불과 몇억 년이 지나지 않은 때다.

　지구에서 이토록 이른 시기에 자연법칙에 따라 생명이 탄생했을 때, 우주의 다른 곳에서도 비슷한 일이 일어날 수 있다는 것은 충분히 납득이 가능하다. 인간처럼 몸과 마음(생각·의식·정신·영혼)을 가진 인간의 종은 우주 안에서 지구에서만 가능한 것인가?

　인류가 떨쳐낼 수 없는 질문은 바로 이것이다.

　'인간은 드넓은 우주에서 지구에서만 사는 것인가?'

　오늘날 대부분의 과학자들은 '아니다'라고 대답한다. 많은 과학자들은 지구 생명의 기원이 혜성이나 운석에서 묻어온 외계 미생물이라고 믿고 있다. 태양계 내에도 목성의 위성과 토성의 위성에 거대한 빙하가 존재하며, 이 빙하의 아래에는 액체 상태의 거대한 바다가 있음을 확인했기 때문이다(2017년 4월 미국 NASA-항공우주국 발표).

　이런 상태는 지구의 빙하기와 비슷한 환경 조건이다.

　지구는 두께 30㎞가 넘는 얼음이 뜨거운 암반 속을 통과하며 끓는 바닷물이 에너지와 영양분이 풍부한 환경을 만들어서 최초의 세포가 태어났다는 생명 탄생 이론을 갖고 있다. 과학자들은 태양계 내에서 현재 생명체가 있을 것으로 예상되는 행성을 10억 개 정도로 추정하고 있다. 거기에 지구의 인간이 잘 모르기도 하고 어쩌면 상상도 할 수 없는 외계 문명이 존재할 것이라고 믿고 있다.

본성에서 멀어지는 인간은
악한 사람이 된다.

　사람의 본성은 선할까? 악할까? 이 분야의 전문가인 맹자는 사람의 본성은 선하다고 말한다. 인간의 본성은 자연의 본성과 일치한다고 본 것이다. 맹자는 산을 비유해서 설명한다.

　　"산의 식물은 싹이 나지 않는 법이 없거늘, 사람들이 소나 양을
　　풀어놓아 싹을 먹게 만들어버리니, 어찌 민둥산이 되어버리지 않
　　겠는가? 산에는 본래 아름다운 나무들이 자라고 있지만 사람들이
　　도끼로 날마다 베어가니, 어찌 산에 아름다운 나무들이 남아 있겠
　　는가? 나무가 없는 민둥산이 어찌 산의 본성이겠는가?"

　공자는 이렇게 말한다.

　　"사람은 원래 본성에 머무르기를 원하나, 습성이 생겨나면서부터
　　본성에서 멀어진다."

　본성에서 멀어지는 인간은 악한 사람이 된다. 본성에 머무르려고 정진하는 사람은 선한 사람, 착한 사람, 좋은 사람이다. 우리가 인

생을 잘살아가려면 선한 사람, 착한 사람, 좋은 사람을 만나야 한다. 벗은 넓은 의미에서 배우자, 선생님, 선후배, 동료, 친구를 모두 포함한다. 평소 어떤 벗을 만나느냐가 그 사람의 인생을 좌우한다. 인간은 자기가 좋아하는 사람을 닮아가려는 기질이 있기 때문에 좋은 사람을 만나면 좋은 사람이 될 수 있다.

우리나라의 근대사는 일본의 식민사관으로 기술되었기 때문에 한민족의 독립사관으로 올바르게 기록돼야 한다.

광복절에 우리나라 근대 역사를 다시 생각한다.

광복은 빛을 되찾는다는 뜻이다. 빼앗긴 주권을 되찾아 나라의 영광을 회복한다는 의미다. 그런 의미에서 광복절은 대한민국 국경일 중에서 으뜸이다.

우리나라는 대한제국(1897-1910) 때 나라를 처음으로 빼앗겼다. 대한제국 탄생에 직접 영향을 미친 사건은 아래 세 가지 사건들이다.

첫째, 갑오경장(1894)이다.

둘째, 을미사변(1895)이다.

셋째, 아관파천(1896)이다.

위 세 사건의 명칭을 보면 '식민지 프레임'(식민사관)으로 붙여졌다. 일본인들이 우리나라 근대사를 일본의 관점에서 기술했기 때문이다.

갑오경장은 **갑오왜란**으로 기술돼야 한다.

1894년 6월 26일 일본군 8,000명이 서울을 점령하고, 7월 23일 경복궁을 침공하여 왕을 생포했다. 이는 일본군의 침략 행위이다. 갑오경장의 미명으로 침략 행위를 숨겨버렸다. '경장'이란 '개혁'의 의미다. 무력 침략 행위를 감쪽같이 덮어버리기 위한 치밀한 전략이었다. 1592년의 임진왜란의 명칭이 사실 그대로 임진왜란으로 기술된 것은 조선인 사관이 기록했기 때문이다.

을미사변은 **을미왜변**이라고 기술돼야 한다.

을미사변은 조선의 왕비가 일본 군대와 자객들에 의해 시해당한 천인공노할 만행이다. 그런 만행을 '사변'이라는 단어로 기술해버렸다. '사변'이란 국가 내부의 변란을 뜻한다. 6.25 사변이 그런 뜻이다. 을미사변은 일본인들이 식민사관으로 기술한 것을 그대로 이어받아 기록한 것이다.

아관파천은 **아관망명**으로 기술돼야 한다.

'아관'은 러시아 공관의 한문 표기다. '파천'은 왕이 도성을 버리고 지방으로 피난가는 것을 말한다. 임진왜란 때 선조가 한양을 버리고 평안도 의주로 간 것이 '의주파천'이다. 고종은 도성을 버리지도 않았고 지방으로 피난 가지도 않았다. 당시 신변에 위험을 느낀 고종은 러시아 공관으로 피신했다. 외국 신문에서는 대부분 망명(asylum)이라고 불렀다.

갑오왜란에 대해 좀 더 알아보자.

1894년 2월에 일어난 동학 농민군의 1차 봉기를 진압한다는 구실을 내세우며 8,000명의 일본군이 조선을 침략했다. 불법 침략이었다. 6월 26일 서울 점령, 7월 23일 경복궁 침공, 왕과 왕비를 생포하여 궁궐 속에 유폐했다. 이후 전국 각 지방에서 일본군과 조선인 사이에 치열한 전쟁이 벌어졌다.

조선인 주력 부대는 선비, 유생, 농민군들에 의한 의병들이었다. 동학 농민군은 10월에 2차 봉기를 했다. 이때 내세운 구호는 '척왜'(斥倭)로 단일화했다. 1차 봉기 때와는 달리 2차 봉기는 왜침에 대한

항전이 목표였다.

갑오왜란으로 죽은 조선인 희생자는 청일전쟁(1894년 6월-1895년 4월)으로 죽은 청·일 양측의 희생자보다 훨씬 많았다. 1894년 10월부터 1895년 2월까지 왜군과 싸우다가 전사한 동학 농민군은 3만 명이 넘는다. 전상자까지 포함하면 5만이 넘으며, 여기에 일본군에 의해 사살된 왕궁 수비대, 일반 의병, 일반 농민들을 합하면 피살자 수가 20만 명이 넘는다.

반면 청일전쟁에서 죽은 일본군 사망자는 1,418명이었고, 병사자까지 포함한 총 사망자 수는 약 2만 명이었다. 청국의 사망자는 대만에서의 희생자를 포함해도 약 3만 명이었다.

갑오왜란 다음에 일어난 사건이 을미왜변이다.

을미왜변 직후 조선은 국제적으로 '망한 국가'로 간주되었다. 왕비까지 시해당한 망국의 상황에서 고종은 러시아 황제와 비밀 외교에 의해 러시아 공사관에 망명한 것이다.

그 후 고종은 1897년 2월 환궁한다. 1897년 10월 12일 고종은 황제 즉위식을 하여 대한제국을 수립한다. 조선의 국호를 대한제국으로 고쳐 새롭게 선포한다. 이후 대한제국은 입헌 군주제를 주장하는 독립협회 파와 전제 군주제를 주장하는 노론의 근왕 파로 분열된다. 독립협회 파가 주도하여 1898년 11월 2일 중추원 신관제를 공포한다. 하지만 고종과 노론 근왕 파는 친위대를 동원하여 중추원을 해산하고 독립협회 파를 투옥한다.

이어서 1899년 8월 17일 대한제국의 국제(國制)가 제정 공포된다. 국호는 대한제국, 정체는 전제 군주제다. 세계의 추세가 입헌 군주제를 국제로 제정하여 정치 변혁이 일어나고 있을 때, 고종과 노론 근왕 파는 우물 안 개구리처럼 국제 정세 분석과 판단에 어두웠다.

대한제국은 전제 군주제를 채택하여 백성의 시대적 요구를 묵살했고, 민심은 이반되었다. 대한제국은 결국 내부의 적이 외부의 침략자와 손을 잡고 망국의 나락으로 떨어졌다.

일본 제국은 어떻게 국제를 변경하고 부국강병의 길을 걸었는지 살펴보자.

대한제국과 달리 일본은 한발 앞서 서구의 국가들처럼 입헌 군주 국가의 길을 걷는다.

일본은 아시아에서 자발적으로 근대화의 길을 걸어온 유일한 나라이다. 일본의 근대화는 메이지 유신에서 시작한다. 메이지 유신은 일본 근·현대사의 시작이며, 일본 부국강병의 시작이다.

1603년부터 1867년까지 264년간 일본을 지배했던 도쿠가와 이에야스의 에도막부는 지방 영주인 다이묘들이 일본 열도를 300여 번(藩)으로 나누어 다스리는 봉건제였다. 에도막부의 대외 정책은 네덜란드와의 제한적 교역을 제외하고는 쇄국이 특징이었다.

1853년 미국의 페리 함대가 도쿄만에 진입한 뒤에 에도막부가 무기력하게 미국과 불평등조약을 맺고 개항하자, 지방의 여러 번에서 불만이 터져 나왔다. 강력한 경제력과 군사력을 지닌 사쓰마 번(가고시마 현)과 조슈 번(야마구치 현)이 삿초동맹을 맺고 힘을 합하여, 1866년 중앙 정부인 에도막부를 무너뜨리는 결정타를 날리게 된다. 1867년 마침내 에도막부는 통치권을 일왕에게 반환하고, 1868년 쇼군(將軍)이 지배하던 막부 통치를 폐지하여 왕정복고가 시작됐다. 이것을 메이지 유신이라 부른다.

메이지 유신의 3걸은 사이고 다카모리(1828-1877), 요시다 쇼인

(1830-1859), 오쿠보 도시미치(1830-1878)이다. 삿초동맹의 연합을 성사시킨 '유신 풍운아'로 사카모토 료마(1836-1867)와 나카오카 신타로(1838-1867)는 역사에 이름을 남겼다.

일본의 메이지 유신 과정을 정리하면 아래와 같다.

1853년 미국의 페리 함대 도쿄만 진입. 일본의 개항과 통상 요구.

1854년 미국과 일본의 화친조약 체결. 쇄국을 끝내고 미국에 개항.

1857년 요시다 쇼인이 조슈 번(야마구치 현)에서 쇼카손주쿠(松下村塾) 숙장 취임. 이토 히로부미 등 제자 양성.

1866년 삿초 동맹 성립. 에도막부를 무너뜨림.

1867년 1월 무츠히토 일왕 14세로 즉위. 대정봉환으로 에도막부의 통치권을 일왕에게 반환.

1868년 1월 에도막부 완전 폐지. 왕정복고 성립. 일왕 정부 수립.

1868년 10월 일왕이 연호를 메이지로 확정. 메이지 유신정부 수립. 무츠히토 메이지 왕 즉위.

1868-1869년 막부 파와 반 막부 파 사이에 보신전쟁 발발. 반 막부 파(유신 세력) 승리.

1869년 수도를 교토에서 도쿄로 옮김.

1869년 판적봉환으로 번의 영주인 다이묘들이 일왕에게 영지와 백성을 반환.

1871년 폐번치현으로 봉건제 통치 기구인 번을 폐지하고, 중앙 직할의 부(府)와 현(縣)을 설치.

1877년 세이난 전쟁 발발. 사이고 다카모리가 반란을 일으켰다가 진압되자 할복자살함.

1885년 일본 유신정부 내각 수립. 초대 총리에 조슈 번 출신 이토 히로부미 취임(일본은 유신정부 수립으로 아시아의 군사 대국, 경제 대국으로 등극).

1889년 일본제국(입헌군주국) 헌법 공포.

1890년 일본제국(입헌군주국) 국회 개원.

메이지 유신 이후 일본의 영토 침략을 정리하면 아래와 같다.

1894-1895년 청일전쟁 발발. 일본의 승리로 대만, 평후 제도, 랴오둥반도 차지(랴우둥 반도는 3국 간섭으로 추후 반납).

1896년 을미왜변(일본 공사 미우라 고로 지시로 일본군 경복궁에 침입해 명성황후 시해).

1900년 동양인 최초 국제연맹 차장을 지낸 일본인 외교관 니토베 이나조가 *BUSHIDO*(武士道 : The Soul of Japan 조선의 선비 정신에 사무라이 옷을 입혀 무사도를 기리는 내용)를 미국에서 영어로 발간(이 책으로 일본은 야만국이 아니고 문화국, 문명국임을 서구에 인식시킴. 이때부터 일본은 아시아의 문화 대국, 문명 대국으로 발돋움함).

1904-1905년 러일전쟁 발발. 일본의 승리로 조선의 외교권을 박탈하는 을사늑약 체결. 일본은 조선에 통감부 설치.

1905년 7월 일본은 미국과 '가쓰라-테프트' 비밀 협약을 체결(미국은 필리핀을 점령하고 일본은 대한제국의 종주권을 갖는다는 내용. 일본은 미국과의 비밀 협약으로 사실상 세계 최대강국으로부터 대한제국 점령의 양해

각서를 받음)

1907년 대한제국의 고종황제 강제 퇴위. 통치권 박탈, 무장해제 및 군대 해산.

1910년 일본이 대한제국 병합. 조선총독부 설치. 초대 총독에 조슈 번 출신인 데라우치 마사다케 부임.

1931-1932년 일본제국이 만주사변을 일으켜 중국의 동북지방 점령.

1937-1938년 일본군의 중국 난징 대학살 사건. 중국인 30만 명 희생.

1937-1945년 중·일 전쟁 발발. 일본이 중국의 전역을 침략.

1941-1945년 태평양 전쟁 발발. 일본은 독일, 이탈리아와 3국 동맹하여 2차 세계대전을 일으켜 미국, 영국, 프랑스 등 연합군과 전쟁.

1945년 8월 일본은 2차 세계대전에 패배하여 연합군에 항복.

1946년 11월 일본은 전후 평화헌법 제정 반포(전쟁 포기, 전력 불보유, 교전권 부인을 담은 헌법).

1947년 일본은 평화헌법에 의한 일본 국회 개원.

2018년 야마구치 현(조슈 번) 출신 아베 신조 총리의 자민당 정권은 평화헌법 폐지 및 전력 보유, 군인 해외파견, 독자적 교전권을 갖는 개헌 추진.

대한제국 연표를 알기 쉽게 정리하면 아래와 같다.

1894년 7월 / 갑오왜란(갑오경장)으로 중국의 연호 폐지, 개국 기년을 사용하기 시작.

1894년 6월-1895년 4월 / 청·일 전쟁 발발. 조선의 지배권을 둘러싸고 중국과 일본 간에 일어난 전쟁. 일본의 승리로 동아시아의 중국 중심 세계 질서에 종지부를 찍고, 전쟁에 패배한 중국은 일본에 만주의 요동반도, 대만, 펑후 열도를 할양한다.

1896년 1월 / 연호를 건양으로 지정.

1896년 2월 / 아관망명(아관파천)으로 갑오왜란(갑오경장) 내각이 붕괴.

1897년 8월 / 고종 환궁 후 칭제건원 추진하여 연호를 광무로 정함.

1897년 10월 / 고종의 황제 즉위식 거행. 조선의 국호를 **대한제국**으로 새로 선포. 10월 12일 오전 4시 고종은 환구단에서 하늘에 제사를 올림. 10월 12일 오전 6시 환구단에서 공식적으로 황제의 자리에 취임. 경운궁(덕수궁)을 대한제국의 정궁으로 사용. 고종 황제는 경운궁으로 돌아와 백관의 경하를 받음. 10월 12일 낮 12시 경운궁에서 민 왕후를 '황후'로, 왕세자를 '황태자'로 책봉.

1898년 3월 / 서울에서 만민공동회 개최하여 대한제국의 자주독립 강화를 결의.

1898년 11월 / 독립협회는 입헌군주제를 추진하기 위해 의회 설립 법인 중추원 신관제 공포. 고종 황제는 황제의 자문 기관으로 중추원을 개편하여 의관 50여 명을 임명. 의관은 대한제국 최초의 국회의원 격. 이승만은 독립협회와 만민공동회 일을 주선한 지식인으로 평가받아 24세에 의관으로 임명됨.

1898년 12월 / 독립협회와 만민공동회 회원들은 대한제국의 정치 체제를 전제군주 국가 체제가 아닌 입헌군주 국가 체제로 개혁할 것을 주장. 당시의 국제 정세는 절대왕권의 전제군주 체제 대신에 헌법을 제정하여 왕권으로부터 백성의 기본권을 보호하려는 입헌군주 체제로 변환되는 시점이었음. 일본은 1889년에 이미 헌법을 공포하여 입헌군주제를 실시함. 하지만 전제군주 체제를 고집한 고종 황제는 군대를 동원하여 입헌군주 체제를 주장하는 독립협회와 만민공동회를 강제로 해산.

1899년 1월 / 고종 황제는 이승만 등 입헌군주제를 주장하는 독립협회 출신 의관을 파면. 33일 만에 이승만의 대한제국 의관 벼슬(종9품)은 날아감. 국론은 분열되기 시작하고 민심은 고종으로부터 멀어지기 시작. 고종 황제는 절대왕권을 유지하기 위해 이승만 등 독립협회 회원을 체포 구금함. 이승만은 체포되어 6년여간의 투옥생활을 시작.

1899년 8월 / 고종은 입헌군주제 추진자를 탄압하고 황제가 전권을 가지는 전제군주제를 대한제국의 국제로 선택 결정함. 노론 근왕 파 내각이 들어서 전제군주제인 **대한제국 국제**를 제정, 공포함.

1904년 2월 / 일본이 서울을 점령하고 한일의정서를 체결.

1904년 2월-1905년 5월 / 러일전쟁 발발. 만주와 한반도의 지배권을 둘러싸고 러시아와 일본 간에 일어난 전쟁. 일본은 영국과 미국이 제공한 4억 달러 차관을 전비에 충당하여 대마도 해전에서 러시아의 발틱 함대를 격파하고, 전쟁에서 승리함.

1904년 7월 / 일본이 군사경찰훈령으로 대한제국의 치안권을 강탈.

1904년 8월 / 일본이 한일 외국인 고문 용빙 관련 협정서로 대한제국의 재정권을 강탈.

1904년 12월 / 6년여 만에 형기를 마치고 감옥에서 나온 이승만은 인천에서 미국 이민선을 타고 비밀리에 망명. 세계 최강 국가로 부상해 있는 미국에 가서 대한제국의 위기를 설명하고 도움을 청하기 위함.

1905년 7월 / 일본은 욱일승천하는 기세로 미국을 상대로 외교력을 발휘하여 비밀리에 가쓰라-테프트 협상을 성공시킴. 테프트 미국 육군 장관을 일본에 초청하여 일본 총리 가쓰라 타로 사이에 밀약을 체결함. 밀약의 내용은 미국이 필리핀을 점령하고 일본이 대한제국의 종주권을 갖는다는 협정임.

1905년 8월 / 미국에 간 이승만은 천신만고 끝에 연줄을 잡아 시어도어 루스벨트 미국 대통령과 면담. 하지만 이미 5일 전에 미국과 일본은 가쓰라-테프트 밀약으로 비밀 동맹을 맺은 뒤였음. 그런 사실도 모르고 대한제국을 도와달라고 부탁했던 이승만은 핀잔만 받고 백악관에서 쫓겨남. 이승만은 국제정세 판단을 위한 국제정치학 공부가 급선무임을 깨닫게 됨. 이승만은 조지워싱턴대, 하버드대, 프린스턴대를 거치면서 5년 만에 학사, 석사, 박사 과정을 수료함.

이승만은 미국에서 독립투쟁하면서 1941년에는 『일본의 가면을 벗긴다(Japan Inside Out)』를 영어로 미국에서 출판함. 이승만은 이 책에서 군국주의 일본의 야심을 조목조목 진단하고, 일본이 머지않아 미국도 공격할 것이라고 예언함. 책 출간 후 넉 달 만에 실제로 일본은 하와이 진주만을 공격하는 만행을 저질렀고, 이승만의 예언은 적중함. 노벨 문학상 수상작가 펄벅 여사는 서평에서 "이 책은 무서운 책이다. 너무 큰 진실을 담고 있기 때문이다. 모든 미국인이 읽어봐야 한다."라고 평함.

1905년 8월 / 일본은 영국과 상호 동맹조약을 체결함. 내용은 '일본은 대한제국에 대한 지도, 감리, 보호 조치를 취하고 영국은 이를 승인한다'는 것임.

1905년 9월 / 일본은 러일전쟁에서 승리한 후 러시아와 강화조약을 체결함. 내용은 '일본은 대한제국에 대한 지도, 감리, 보호 조치를 취하고 러시아는 이를 승인한다'는 것임.

1905년 11월 / 대한제국에서 청국 및 러시아를 몰아낸 일본은 미국 및 영국으로부터 양해각서를 미리 받아둔 여세를 몰아 대한제국과 을사늑약을 체결하고 외교권을 박탈함(일본은 외교력과 군사력을 앞세워 당시 강대국이던 미국, 영국, 러시아로부터 사전에 대한제국의 종주권을 모두 받아낸 뒤, 마침내 우물 안 개구리 대한제국을 국제적 미아로 만들어 버림).

1907년 7월 20일 / 고종 황제 강제 퇴위당함. 순종 황제 즉위함.

1909년 10월 26일 / 안중근 의사 만주 하얼빈역에서 일본의 이토 히로부미(초대 조선통감)를 저격 사살함. 안중근 의사는 현장에서 체포되기 직전 '대한제국 만세!'를 외침. 안중근 의사는 여순 감옥 법정의 재판 과정에서 자신은 일본과 전쟁을 치르는 대한제국 의병장으로서, 무장 투쟁의 일환으로 적을 사살했으며, 사살 이유로 15가지 이토 히로부미의 죄목을 낱낱이 밝혀 일본 재판관들을 숙연하게 함.

(1. 대한제국의 명성황후를 시해한 죄. 2. 대한제국 황제를 강제로 폐위시

인류정신문화 뿌리 선비사상 바로 알기

킨 죄. 3. 을미5조약과 정미7조약을 강제로 체결한 죄. 4. 무고한 조선인을 학살한 죄. 5. 정권을 강제로 빼앗은 죄. 6. 철도, 광산, 산림, 천택을 강제로 탈취한 죄. 7. 제일은행 지폐를 강제로 사용하게 한 죄. 8. 대한제국 군대를 강제로 해산한 죄. 9. 대한제국의 교육을 방해한 죄. 10. 조선인의 외국 유학을 금지한 죄. 11. 조선인 교과서를 압수하여 불태운 죄. 12. 조선인이 일본의 보호를 받고 싶어 한다고 전 세계에 거짓 선전한 죄. 13. 조선과 일본 사이에 전쟁이 끊이지 않는데, 조선이 태평무사하다고 천황에게 거짓말한 죄. 14. 동양 평화를 깨뜨린 죄. 15. 일본 천황의 아버지 태황제를 시해한 죄)

1910년 3월 26일 / 안중근 의사 여순 감옥에서 일본에 의해 처형당함.

1910년 8월 22일 / 한·일 강제병합 조약 체결함. 대한제국은 일본에게 모든 국권을 피탈 당함.

우리나라의 효 사상은 선비정신의 대들보이며 지구적 보편적 가치이다.

　한국인이 부모를 생각하는 효는 유교에서 유래한 것이 아니다. 원래 한국인의 효는 제천보본이라고 하는 우리나라 고유 사상에서 유래한 것이다. 우리나라의 '효'라는 단어는 영어로 번역할 수 없는 단어이다. 우리나라 사람은 효의 개념이 생활화되어 있어, 효라는 의미가 누구에게나 분명한 개념으로 다가온다. 하지만 우리나라처럼 효에 관한 개념이 존재하지 않는 서양에서는 아예 효의 개념이 미약하기 때문이다.

　효라는 개념은 중국에서 유교가 한반도에 들어오기 이전부터 한국인에게는 민간 사상으로 배태되어, 유전자처럼 또는 혈맥처럼 흘러내리고 있던 전통 정신문화이다. 효 사상이 우리 민족의 기본 정서에 배태되어온 것은 고조선의 단군왕검 8조령에서 확인할 수 있다. 고조선의 우리 조상들은 그들의 생활이 효이고, 그들의 정치가 효이고, 그들의 문화가 효였던 것이다.

[단군왕검의 8조령 내용]

　제1조 : 하늘의 법도는 오직 하나요, 그 문은 둘이 아니니라. 너

희들이 오직 순수한 정성으로 다져진 일심을 가져야 하느님을 뵐 수 있느니라.

제2조 : 하늘의 법도는 항상 하나이며, 사람 마음은 똑같으니라. 자기의 마음을 미루어 다른 사람의 마음을 깊이 생각하라. 사람들의 마음과 잘 융화하면, 이는 하늘의 법도에 일치하는 것이니, 이로써 만방을 다스릴 수 있게 되리라.

제3조 : 너를 낳으신 분은 부모요, 부모는 하늘로부터 내려오셨으니, 오직 너희 부모를 잘 공경하여야 능히 하느님을 경배할 수 있느니라. 이러한 정신이 온 나라에 퍼져나가면 충효가 되나니, 너희가 이러한 도를 몸으로 잘 익히면, 하늘이 무너져도 반드시 먼저 벗어날 수 있으리라.

제4조 : 짐승도 짝이 있고 헌신도 짝이 있는 법이니라. 너희 남녀는 잘 조화하여 원망하지 말고 질투하지 말며, 음행하지 말지어다.

제5조 : 너희는 열 손가락을 깨물어보라. 그 아픔에 차이가 없느니라. 그러므로 서로 사랑하여 헐뜯지 말며, 서로 돕고 해치지 말아야 집안과 나라가 번영하리라.

제6조 : 너희는 소와 말을 보아라. 오히려 먹이를 나누어 먹나니, 너희는 서로 양보하여 빼앗지 말며, 함께 일하고 도적질하지 않아야 나라와 집안이 번영하리라.

제7조 : 너희는 저 호랑이를 보아라. 강포하고 신령하지 못하여 재앙을 일으키느니라. 너희는 사납고 성급히 행하여 성품을 해하지 말고 남을 해치지 말며, 하늘의 법을 항상 잘 준수하여 능히 만물을 사랑하여라. 너희는 위태로운 사람을 붙잡아주고 약한 사람을 능멸하지 말 것이며, 불쌍한 사람을 도와주고 비천한 사람을 업

신여기지 말지어다. 너희가 이러한 원칙을 어기면 영원히 하느님의 도움을 얻지 못하여 몸과 집안이 함께 망하리라.

　　제8조 : 너희가 만일 서로 충돌하여 논밭에 불을 내면 곡식이 다 타서 없어지고 사람들이 노하게 되리라. 너희가 아무리 두텁게 싸고 덮는다 해도, 그 냄새는 반드시 새어나오게 되느니라. 너희는 타고난 본성을 잘 간직하여 사특한 생각을 품지 말고, 악을 숨기지 말며, 남을 해치려는 마음을 지니지 말지어다. 하늘을 공경하고 백성을 사랑하여야 너희들의 복록이 무궁하리라.

　　유학자 증자가 편찬한 『효경(孝經)』이 들어오기 전에 우리나라에는 토착 경전인 『부모은중경(父母恩重經)』이라는 효의 실천 교본이 있었다. 이 경전이 전하는 십게찬송(十偈讚頌)의 내용은 아버지보다 어머니의 은혜를 강조한다.

　　증자의 효경은 아래로부터 위로 효가 흐르도록 자식의 일방적 효를 강조하고 있다. 하지만 우리나라의 효는 어버이 은혜에 대한 자식의 보은과 위로부터 흐르는 부모의 자애를 雙方向的으로 기술하여 효의 쌍방향성을 드러내고 있다.

[십게찬송 내용]
- 나를 잉태하고 낳아주신 은혜
- 해산에 즈음하여 고통을 감내하신 은혜
- 자식을 낳아 생긴 모든 근심을 잊으시는 은혜
- 쓴 것은 자신이 삼키고 단 것은 뱉어 먹여주시는 은혜
- 진자리 마른자리 갈아주시는 은혜

- 젖을 먹여 키워주시는 은혜
- 깨끗하지 않은 것을 씻어주시는 은혜
- 자식이 먼 길 갔을 때 걱정하시는 은혜
- 자식을 위해서라면 악업이라도 지으시는 은혜
- 자식을 늙어 죽는 날까지 애처롭게 여기시는 은혜

국문학자 양주동 박사가 작사하여 애창되고 있는 국민 가곡의 가사에도 '십계찬송'의 내용이 노랫말로 옮겨져 있다.

[양주동 노랫말 내용]

낳으실 제 괴로움 다 잊으시고
기르실 제 밤낮으로 애쓰는 마음
진자리 마른자리 갈아 뉘시며
손발이 다 닳도록 고생하시네
하늘 아래 그 무엇이 넓다 하리오
어머님의 희생은 가이없어라.

세계적 인류학자 토인비는 "만약 지구가 멸망하고 인류가 새로운 별로 이주해야 한다면, 꼭 가져가야 할 제1의 문화는 한국의 효 문화이다."라고 말하며 한국인의 효 정신을 찬양한 바 있다. 한국인의 효 문화는 세계에 유례없는 지구적이고 보편적인 가치이며, 선비 정신의 핵심을 받쳐주는 대들보이기도 하다.

종교라는 그릇을 믿을 것이 아니라
그 그릇에 담겨 있는 진리를 믿어야 한다.

우리는 인간의 본심(本心)을 회복해야 한다.

인류의 스승인 노자, 공자, 석가, 예수는 한결같이 인간의 본심을 얘기하고 있다. 인류의 스승의 가르침을 그릇에 담아 탄생한 것이 도교, 유교, 불교, 힌두교, 기독교, 이슬람교 등의 종교라는 수단이다.

오늘날 지구촌에는 범 기독교(가톨릭·개신교·정교·성공회교 등)의 신자 수가 가장 많고, 그 다음이 이슬람교, 그 다음이 힌두교, 그 다음이 불교 순으로 신자 수가 많다. 한때 동아시아를 지배했던 유교와 도교는 종교가 아니라 인간 사회의 진정한 삶을 구원하는 철학 사상으로 남아 있다.

그동안 서양과 동양에서 종교는 성직자와 위정자들에 의해 진리가 많이 왜곡되었다. 진리의 본체가 무엇이냐 하는 것을 가지고 학자, 사상가, 위정자, 성직자들마다 다른 표현을 썼다. 진리의 본체를 하늘(天), 천신(天神), 상제(上帝), 신(神), 최초의 근원, 조물주, 창조주, 하느님, 하나님, 여호와, 알라, 부처님, 여래(如來), 브라흐마(梵天), 옥황상제(玉皇上帝), 도(道) 등으로 불렀다.

누군가가 '당신은 불교를 믿느냐? 또는 예수교를 믿느냐?' 하고 묻는다면, 이는 무슨 교(종교)를 믿느냐고 묻는 것이다. '너는 신을 믿는가?' '너는 진리를 믿는가?' 하고 질문하는 것과는 다른 이야기이다.

> 교(종교)를 믿는 것과 신(진리의 본체)을 믿는 것은 다르다.

예로부터 동양에서는 진리의 본체를 어머니의 이미지로 부르곤 했다. 우주 만물을 낳았기 때문이다. 우리나라 태초의 마고할머니, 삼신할머니 등이 대표적인 예다.

노자는 『도덕경』에서 '천하를 낳은 어머니'라는 표현을 썼다. 그러나 서양에서는 예로부터 남성 우위 전통이 강했기에 진리의 본체에 대해 아버지라는 표현을 즐겨 썼다. 기독교에 나오는 '하나님 아버지'가 대표적인 예다.

사실 어머니이든 아버지이든 그것은 상관없다. 중요한 것은 진리의 본체다. 진리는 특정한 이름으로 그 깊은 의미를 다 표현할 수 없다. 어떤 종교가 특별한 명칭으로 그것을 표현해도, 그 명칭으로는 진리의 본체를 소유할 수 없는 것이다. 권리증도 영원할 수 없는데 소유할 수 없는 것으로 사람들의 의식을 구속한다면, 그것처럼 진리의 본체를 모독하는 죄는 없을 것이다. 이런 문제를 직접적으로 지적한 분이 바로 노자다. 노자는 이렇게 말한다.

> "도는 도라고 하는 순간 변함없는 도가 아니다. 이름은 이름으로 불리는 순간 변함없는 이름이 아니다(道可道, 非常道. 名可名 非常名)."
> — 『도덕경』 1장 1절

인간은 우주의 본체를 하느님, 부처님 등의 특정한 명칭으로 부르지만, 노자의 말대로, 그렇게 부르는 순간 우리는 이미 진리 밖 저 너머로 가버린 것이나 다름없다. 더구나 인간은 각자 의식 수준이 천차만별로 다르기 때문에, 같은 종교를 믿고 있어도 각자 신앙의 대상에 대한 믿음이 다르고, 각자의 보는 각도에 따라 신앙심이 다를 수밖에 없다. 사실상 인간은 각자 다른 신앙의 대상을 가지고 있다고 할 수밖에 없다. 예를 들어 어느 교회와 절에 각각 100명의 신도가 있다면, 100명의 하느님과 100명의 부처님이 있는 셈이다. 이로써 각 종교마다 수많은 종파들이 끊임없이 생겨나게 된다.

사실 진리의 본체는 특정한 이름으로 특정하여 부를 수 없는 것이다. 도저히 이름을 지을 수 없지만 서로 간의 소통을 위해 할 수 없이 이름을 붙여 부를 뿐이다. 이렇게 임시방편으로 이름을 붙인 것에 매달려 인간은 종교라는 허상에 담아 그것을 맹목적으로 믿고 있다. 지금 인간에게 중요한 것은 종교 자체가 아니라, 종교라는 그릇에 담겨 있는 핵심 진리이다. 종교라는 집이 아니라 그 집 안에 거주하고 있는 집주인인 진리가 중요한 것이다. 당연히 노자, 공자, 석가, 예수 등 인류의 스승이 가르쳐준 그 진정한 참뜻이 중요한 것이다.

역사적으로, 특히 중세시대 서양에서 기독교는 성직자들과 위정자들에 의해 끊임없이 왜곡되고 변주되어왔다. 동양에서도 종교의 왜곡은 예외가 아니었다. 중국의 역사를 보면 한나라, 당나라, 송나라에서 유교, 도교, 불교가 그러했다.

우리나라 역사에서 살펴보면, 불교가 가장 성했던 고려왕조가 무너지고 조선시대가 되었을 때, 조선은 숭유억불 정책을 썼다. 하지만 자세히 들여다보면 꼭 그렇지만은 않았다. 조선의 왕들은 왕가의 안위와 번영을 위해 절에 예불을 올리고, 불사도 크게 일으켰다. 사대부도 그 점에서는 예외가 아니었고 양반, 중인, 상민, 천민도 절에 시주하는 사람들이 많았다.

조선은 불교와 도교의 논리로는 위정자들의 안위를 지켰고, 유교의 논리로는 신하와 백성들을 통치했다. 종교는 진리를 펼치는 진정한 종교가 아니라, 위정자를 위한 종교, 성직자를 위한 종교였다. 종교는 만민을 위한 보편 신앙이 아니라 정치적 지배세력과 종교적 지배세력의 기득권을 위한 기복신앙이었다. 유교, 불교, 도교는 공자, 석가, 노자의 정신을 실천하는 유교, 불교, 도교가 아니라, 정치와 통치의 수단으로 둔갑했다. 즉 교조화되고 형식화된 유교, 불교, 도교였던 것이다.

물론 유학자, 불학자, 도학자들을 매도하는 것은 어불성설이다. 어느 시대나 종교를 초월해서 진리를 향유한 깨달은 사람은 있었다. 그런 인물들의 후광 덕분에 오늘날에도 지구촌에는 착한 사람들이 더 많이 존재하는 것이다.

오늘날 우리 사회에서 횡행하는 종교를 자세히 들여다보면, 종교가 사람들을 구원하기 위해 있는 것이 아니라는 것을 금방 알 수 있다. 성직자나 위정자를 비롯하여 특정한 사람들의 이익과 편의를 위해 종교가 존재하고 있는 것임을 도처에서 확인할 수 있다.

이를테면 유대교의 선민사상은 그대로 기독교에 이어져 기독교 선민사상으로 계승되어오고 있다. 이런 것은 사실 예수 그리스도의 정신을 정면으로 위배하는 독선적이고 가식적이며 위선적인 내용이다. 이것은 기독교가 실상은 예수의 말씀을 거역하고 있는 것이다. 마찬가지로 불교가 석가의 말씀을 따르지 않고 있다. 도교가 노자의 말씀을 따르지 않고 있다. 유교가 공자의 말씀을 따르지 않고 있다.

우리나라 민족 종교를 살펴봐도 예외가 아니다. 고조선의 찬란했던 민족 문화의 중심에 있던 단군 정신은 거의 그 맥이 끊어져 있다. 오랜 세월이 흘러오는 과정에서 많은 자료들이 사라진 이유도 있겠지만, 가장 치명적인 이유는 일본 제국이 우리나라 전통문화를 말살하는 과정에서 치밀하게 왜곡된 식민사관을 심어놓았기 때문이기도 하다.

여기엔 우리나라 지식인들에게도 씻을 수 없는 책임이 있다. 우리나라 민족 종교가 여러 갈래로 갈라지고 분열되어 우리나라 전통 정신문화의 얼이 더욱 퇴색되었기 때문이다. 오늘날 단군이 남긴 천부삼경(天符三經)은 여러 갈래의 민족 종교들이 아전인수식으로 해석하여 나름대로 경전으로 쓰고 있거나 그냥 무시하고 있을 뿐이다.

이러한 현상은 서양의 기독교가 한국에 토착화되는 과정에서도 유사하게 일어났다. 조선 후기에 천주교(가톨릭)가 들어오고, 20세기에 개신교(기독교)가 전래되었다. 하지만 서양인들이 생각하는 천주교나 개신교와는 다른 양상을 띠고 우리나라에 토착화되었다. 그 결정적 이유는 하늘(하느님)을 섬기는 신앙이 우리 선조들에게는 아득한 옛날부터 있었기 때문이다. 고조선의 단군 사상이 바로 하늘(하느님)을 섬기는 사상이었다.

우리 민족은 스스로 천손 민족이라는 자부심, 자긍심을 예로부터 이어왔다. 따라서 단군의 건국이념인 홍익인간, 제세이화, 성통광명 사상이 우리 민족정신이 될 수 있었던 것이다.

우리 민족의 어머니의 어머니들은 정화수 한 그릇 떠서 올려놓고 정성스레 천지신명과 하느님에게 가족, 친족, 사회, 국가의 안녕과 번영을 빌었다. 초기의 서양 선교사들은 하느님에게 정성을 다하여 기도하는 조선인들을 보고 깜짝 놀랐다. 선교사들은 우리 조상들의 기도하는 모습을 역이용해 우리의 전통 하느님을 기독교의 하느님으로 대체시키는 데 성공했던 것이다.

우리는 성직자가 멋대로 왜곡하고, 위정자가 멋대로 조작한 진리의 말씀을 다시 찾아야 한다. 우리는 어떻게 해야 할까? 노자, 공자, 석가, 예수의 정신과 말씀을 되찾고, 태초에 가졌던 순수 의식으로 돌아가서 우주의 본심과 참뜻을 되찾아와야 한다.

공자는 『논어』 계씨 편에서 "천명(天命)을 두려워해야 한다"고 말씀했다. 천명은 우주 본체의 근본 섭리이자 그 작용을 말한다. 인류 스승의 말씀은 하늘의 도에 부합하는 진리의 말씀이다. 그것은 바로 노자, 공자, 석가, 예수의 정신이다.

구원이란 우리가 노자의 정신, 공자의 정신, 석가의 정신, 예수의 정신으로 되돌아가 인간다운 인간의 삶을 살아갈 때 일어나는 우주 자연의 역사(役事)인 것이다. 노자의 이름을 부르고, 공자의 이름을 부르고, 석가의 이름을 부르고, 예수의 이름을 부른다고 구원받는 것은 아니다.

우리는 노자의 정신으로, 공자의 정신으로, 석가의 정신으로, 예수의 정신으로, 천명을 땅에 펴는 인간 본심(本心)의 삶을 살아갈 때 구원을 받을 수 있는 생명 존재가 되는 것이다.

자신을 이기는 사람이 진정으로 강한 사람이다.

공자의 본심(本心)은 무엇이었을까? 공자가 말씀한 모든 것을 꿰뚫는 하나의 도리는 무엇일까? 증자와의 대화 속에서 공자의 도리가 무엇인지 엿볼 수 있다. 공자가 증자에게 말씀한, 모든 것을 하나로 꿰뚫어 보는 도리는 충(忠)과 서(恕)다. 충서(忠恕)는 중용의 정신이고, 중도의 정신이다.

충(忠)은 가운데 중(中)과 마음(心)이 결합한 단어로, 가운데에 있는 마음, 올바른 마음, 진실한 마음, 흔들리지 않는 마음, 하늘로부터 받은 인간의 본심을 의미한다. 서(恕)는 같을 여(如)와 마음(心)의 합성어이다. 같은 마음이란 무슨 마음일까? 사람이 다른 사람의 처지를 알아주는 마음, 남을 이해해주는 마음, 타인과 공감해주는 마음을 뜻한다. 서(恕)란 결국 다른 사람의 입장에서 배려하고 생각해주는 마음이다.

공자는 "자기가 원하지 않는 것은 다른 사람에게도 하지 말라"(己所不欲 勿施於人)고 권한다. 같은 말을 예수는 "너희는 남으로부터 바라는 대로 남에게 해주어라"(마태복음 7:12)라고 권한다. 예수의 황금률은 바로 공자의 황금률이다. 그 황금률은 바로 인(仁)의 정신이고, 사랑(博愛)의 정신이다. 공자는 "사람을 사랑하는 것이 바로 인

(仁)이다." "참으로 인(仁)에 뜻을 둔다면 누군가를 미워함이 없다."(『논어』이인 편)라고 말씀했다.

사실 사람을 사랑하려면 먼저 자기 마음속에 자비로운 마음이 있어야 가능하다. 남의 처지를 먼저 생각해야 하는데, 내 처지만 생각하기에 바빠서 남의 처지까지 돌이켜 생각하는 마음을 내기가 쉽지 않다. 예수는 "너희는 원수를 사랑하라"(누가복음 6:27)라고 말씀한다.

원수를 사랑하는 일은 쉬운 일이 아니다. 어떻게 무조건적으로 원수를 사랑할 수 있겠나? 우선 우리에게 해를 입힌 사람의 처지를 먼저 생각하고, 그 처지를 이해하고, 그런 처지라면 그럴 수도 있겠구나 하는 같은 마음을 가져봐야만 알 수 있다. 그리고 난 뒤에 자기 자신의 처지를 돌아보아야 한다.

어떻게 하는 것이 대국적인 견지에서 우리에게 진정한 평화와 안락을 가져다줄 수 있는 것인지 생각해봐야 한다. 그러면 원수를 용서하는 것이 결국 나 자신을 위하는 것임을 알 수 있게 된다.

우리의 의식을 더 상승시켜 우주적 의식의 시각에서 보면 인류는 우주의 본체에서 나온 한 형제자매임을 깨달을 수 있다. 이것을 알게 되면 공자가 얘기한 인류의 대동사회(大同社會)를 이룩할 수 있을 것이다.

결국 인(仁), 자비, 사랑은 남의 처지를 이해하고 공감할 수 있는 중용의 정신, 중도의 정신에서 비롯된다. 우리는 인(仁)으로부터 우러나오는 사랑과 자비를 통해 인류사회의 공존번영을 꾀하고 평화와 안락을 유지시켜, 궁극적으로 인간의 본심(本心)과 태양처럼 밝은 하늘의 본심을 회복할 수 있다.

공자는 "천하에 도(道)가 있으면 민중이 정치를 논하지 않는다."(『논어』계씨 편)라고 말씀한다.

정치가 시끄러운 원인은 무엇일까? 지도자의 행실이 나쁘면 정치는 시끄러워진다. 지도자의 성정이 난폭하면 하늘의 도가 혼탁해지기 때문이다. 공자는 사회의 혼란에 대해 이렇게 말씀한다.

"사람들이 인(仁)하지 않고 미워하는 병이 깊어지면 사회는 혼란에 빠진다."(『논어』태백 편)

사회의 혼란에 대한 노자의 처방도 비슷하다. 노자는 이렇게 말씀한다.

"욕심내지 않음으로 고요해지면 천하는 장차 스스로 안정을 찾게 된다."(『도덕경』37장)

성인은 사사로움이 없기 때문에 인류 구원이라는 큰 업을 이룰 수 있다. 성인은 개인의 영달을 위해 살지 않기 때문에 자신을 내세우는 일이 없다. 하지만 진실하게 사는 사람들이 그를 따라 영원토록 따른다. 성인은 큰 업을 추구하다가 몸은 사라져도 그의 정신은 영원히 살아남는다. 때문에 영원한 진리를 깨달은 성인은 육체적 편안함을 추구하려고 하지 않고 육신에 집착하지도 않는다.

공자는 평생을 세상을 바르게 교화하겠다는 사명감으로 자신의 편안함을 추구하지 않았다. 춘추전국 시대의 한복판에서 자신의 사명이 비록 이뤄지지 않는다 하더라도, 세상의 조롱을 피하지 않고 교화에 헌신했다.

사람은 누구나 타인을 이기는 것보다 자신을 이기는 것이 더 힘들다. 남에게는 서릿발처럼 엄정해도, 자신에게는 너그럽고 관대하게 대하는 게 인지상정이기 때문이다. 자신을 이기는 사람이 진정으로 강한 사람이다. 자신에게는 엄격하게 대하고 타인에게는 관대하게 대하는 것이 인간관계의 큰 덕목이 되는 이유이다.

공자는 "자신에게는 엄중하게 책망하고 남에게는 가볍게 책망한다면 곧 원망을 멀리하게 된다."(『논어』 위령공 편)라고 말씀한다. 세상을 구하는 성인은 자신의 사적 욕망을 스스로 극복하기에, 개인적 욕망을 위해 단 한 사람도 희생시키지 않는다.

공자는 "군자(君子)는 자기에게서 구하고 소인(小人)은 남에게서 구한다."(『논어』 위령공 편)라고 말씀한다. 자신을 알고 자신을 이기는 것이 진리에 이르는 첩경이다. 그것을 모든 사람에게 확대하여 세상을 이롭게 하는 것이 성인의 길이다. 인류가 공자를 위대한 성인으로 추앙하는 이유이다.

천하에서 가장 부드러운 것이 천하에서 가장 견고한 것을 부린다.

노자의 본심은 무엇이었을까? 인류의 스승들 중에서 공자를 제외하면 나머지 성인들, 즉 노자, 석가, 예수는 거의 신화적 존재다. 노자는 "성인(聖人)은 행하지 않고도 안다."라고 『도덕경』에서 말씀한다.

노자는 태어날 때 이미 노인으로 태어났다고 해서 노자(老子)라고 불렸고, 태어나자마자 말을 했다고 전한다. 석가도 태어나자마자 '천상천하 유아독존'을 외쳤을 만큼 말을 자유자재로 했다고 『아함경』은 전한다. 예수는 남자의 정자를 받지 않고 성령에 의해서 태어났으며, 앉은뱅이를 걷게 했고, 문둥병자를 낫게 하는 기적을 일으켰다고 성경은 전한다.

공자가 논어에서 한 말 '생이지지자(生而知之者)'라는 표현을 빌리자면 노자, 석가, 예수는 태어나면서부터 '안 사람'이다. 반면 공자는 민첩하게 진리를 탐구한 분으로, 낮은 수준에서부터 배워 차차 위로 통달하여(下學而上達) 스스로 '깨친 사람'이다. 물론 공자도 도(道)를 깨달은 후에는 예지력을 가질 수 있었다. 이처럼 우주의 도리를 깨우친 성인들은 세상 돌아가는 이치를 훤히 꿰뚫어 볼 수 있었던 것이다. 태어나자 처음부터 알았든지, 후에 배워서 알았든지, 성인들은 불굴의 인내로 노력해서 하늘 생명의 도를 이룰 수 있었다.

하지만 일반인들이 도를 깨닫는 일은 그리 쉬운 일이 아니다. 그러므로 일반인들은 더욱더 성심성의로 끊임없이 공부하고 노력하여 하늘 생명을 얻기 위한 진리를 탐구하는 데 게을리해서는 안 될 것이다. 노자는 말씀한다.

"빈 마음에 이르도록 지극히 하고, 고요함을 지켜 전일하게 하라. 만물이 함께 다투어 일어나지만, 나는 근본으로 돌아감을 본다. 무릇 만물은 왕성히 자라지만, 각기 그 근본으로 돌아간다. 근본으로 돌아감을 고요함이라 하며, 이것을 하늘 생명의 회복이라 한다. 하늘 생명의 회복을 영원함이라 하고, 영원함을 아는 것을 밝음이라 한다."

노자의 만물(萬物)은 석가의 만법(萬法)에 해당한다. 물질과 정신을 모두 포함하는 의미이다. 만물을 천지의 모든 만물로 해석해서 우주의 근본 회귀를 설명할 수 있다. 또 만물을 의식 속에서 일어나는 모든 현상으로 해석해서 우주의 근본 회귀를 설명할 수도 있다. 만물을 의식에 적용하면 본심을 회복하는 과정을 알 수 있다. 그러므로 수도, 수행, 수련은 고요함을 찾는 과정인 것이다.

완전히 고요한 마음의 안정을 찾으면 지혜의 광명을 되찾게 된다. 거기에서 우리는 진정한 명(命 : 생명)을 찾는다. 진정한 명은 육신이라는 거짓 생명이 아니다. 그것은 하늘 생명, 즉 영혼의 생명이다. 도의 생명이다. 원래부터 인간에게 내재된 것이었는데, 수많은 인간들이 그것을 잃어버려 방황하고 있을 뿐이다.

노자의 사상을 한마디로 무위(無爲)라고 말한다. 무위는 아무것도 하지 않는다는 말이 아니다. 노자는 이렇게 말씀한다.

"성인은 행함이 없는 일에 처하고, 말 없는 가르침을 행하고, 만물을 만들되 말하지 않으며, 기르되 소유하지 않고, 행하되 자부하지 않고, 공이 이루어지면 머무르지 않는다. 대저 오직 머무르지 않는 까닭에 떠나지 않는다."

— 『도덕경』 2장

위의 말 중에서 무위의 핵심을 잘 설명하는 구절은 "오직 머무르지 않는 까닭에 떠나지 않는다"라는 표현이다. 본뜻은 위무위(爲無爲)다. '하되 함이 없이 한다'는 말이다. 의식에 초점을 두어 설명하면, 하고 있는 내가 한다는 의식을 하지 않고 무엇을 하고 있다는 의미다. 이 말은 석가가 말씀한 무아(無我)와 같은 말이다. 본질과 현상의 역설이다. 노자는 말씀한다.

"도는 언제나 함이 없으면서도 하지 않음이 없다(道常無爲而無不爲)."

— 『도덕경』 37장

석가의 일체법무아(一切法無我)와 노자의 무위(無爲)는 뜻에서 맥을 같이한다. 노자의 말씀은 석가의 말씀과 다르지 않다. 노자는 이렇게 말씀한다.

"학문을 하는 것은 날로 늘어나는 것이고, 도를 닦는 것은 날로 털어내는 것이다. 털어내고 또 털어내면 무위에 이르는데, 무위가 되면 하지 못하는 일이 없다."

— 『도덕경』 48장

노자는 도(道)의 본체를 어떻게 설명하고 있을까? 노자는 이렇게 설명하고 있다.

"하나가 있어 혼돈으로 이루어졌으니 하늘과 땅보다 먼저 생겨났다. 고요하구나. 텅텅 비어 있어 적막하구나. 홀로 솟아나 변함이 없고 두루 행하면서 게을리 쉬지 않으니 천하의 어머니가 될 만하다. 내가 그 이름을 알지 못해 글자를 붙여 도(道)라 하고 짐짓 그것의 이름을 부른다면 크다고 말할 수 있다. 크다는 것은 간다고 말할 수 있고, 간다는 멀다고 말할 수 있으며, 멀다는 돌아온다고 말할 수 있다. 그러므로 도는 크고 하늘도 크고 땅도 크고 사람도 또한 크다."

— 『도덕경』 25장

노자는 하나가 있다고 말했는데, 그것은 하늘과 땅보다 먼저 생겨났다고 말씀한다. 그것은 물질과 정신이 통합된 그 무엇인데, 텅 빈 근원에서 혼돈을 통해 만물이 나왔기 때문에 그것을 어머니라고 부르고, 그것을 이름 짓지 못해 도(道)다 또 크다(大)라고 말씀한다. 노자는 도(道)의 움직임은 가고 돌아옴의 작용을 반복하며 만물을 근원으로 복귀시키는 것이라고 말씀한다. 노자는 우주의 생성 원리에 대해 간단히 말씀한다.

> "천하 만물은 유에서 생겨나지만 유는 무에서 생겨난다."
>
> ― 『도덕경』 40장

노자는 유와 무는 하나이고 한 몸임을 다음과 같이 설명한다.

> "서른 개의 바퀴살이 한 바퀴통에 모여 있는데, 텅 빈 가운데로 마주하기에 수레의 쓰임이 있다. 찰흙을 이겨서 그릇을 만드는데, 가운데가 텅 비어 있기에 그릇의 쓰임이 있다. 출입문과 창문을 뚫어 방을 만드는데, 가운데가 텅 비어 있기에 방의 쓰임이 있다. 그러므로 유(有)로써 이롭게 하고 무(無)로써 쓰임이 있다."

노자가 추구한 길은 물처럼 부드러운 길이다. 노자는 이렇게 말씀한다.

> "최고의 선(善)은 물과 같다. 물은 만물을 이롭게 하지만 다투지 않고, 모든 사람이 싫어하는 곳에도 물은 있다. 그러므로 물은 도(道)에 가깝다."
>
> ― 『도덕경』 8장

물은 겸허하기에 다투지 않는다. 물은 겸양지덕을 지니고 있기에 만물을 껴안는다. 물은 공기처럼 부드러운 성질을 지니고 있기에 상대에 따라 자신을 변형시킨다. 노자는 물의 이치를 꿰뚫고 부드럽고 연약함이 세상을 다스릴 수 있다고 본 것이다. 노자는 이렇게 말씀한다.

> "천하에서 가장 부드러운 것이 천하에서 가장 견고한 것을 부린다."
>
> —『도덕경』 43장

부드러움의 성질은 자신을 끝없이 낮추고 비우는 데에 존재한다. 노자는 이렇게 말씀한다.

> "굽히는 것이 곧 온전한 것이고, 굽은 것은 곧 펴지게 되고, 패인 것은 곧 채워지고, 해진 것은 곧 새롭게 되며, 적으면 얻게 되고, 많으면 미혹된다."
>
> —『도덕경』 22장

노자는 비움으로 채워지는 자연의 이치를 가르쳐준다. 노자는 비움의 이치를 철저하게 깨닫고 그것을 삶에 적용한다. 연한 풀은 강한 태풍에도 견뎌내 살아난다. 억센 나무는 강한 태풍에 견디지 못하고 뿌리째 뽑혀버린다. 부드럽고 연약함이 강하고 단단함을 이기는 것은 우주의 법칙이기도 하다. 자연의 이치나 인간의 이치가 근본적으로 다름이 없다. 노자는 이렇게 말씀한다.

> "약한 것이 강한 것을 이기고, 부드러운 것이 억센 것을 이긴다는 것을 천하에 모르는 사람이 없는데도, 행하는 사람이 없도다."
>
> —『도덕경』 78장

강하고 딱딱한 무리는 죽음의 무리이다. 노자는 그 이치를 이렇게 설명한다.

"사람이 태어날 때는 부드럽고 약하나, 죽을 때는 굳고 강하다. 만물의 풀과 나무도 날 때는 부드럽고 연하나, 죽을 때는 말라서 딱딱하다. 그러므로 굳고 강한 것은 죽음의 무리다."

— 『도덕경』 76장

노자는 이렇게 말씀한다.

"사물은 강해지면 곧 쇠퇴해지니, 이는 도가 아니다. 도가 아니면 일찍 끝난다."

— 『도덕경』 30장

서양에서 발달한 물질과학을 보태기 방식이라고 보면, 동양에서 발달한 정신과학은 덜어내기 방식이라고 볼 수 있다. 서양의 합리주의, 과학주의는 끊임없이 관념을 쌓아간다. 이론의 정반합을 통해 새로운 관념의 세계를 또 만들어간다. 그러나 동양의 직관주의, 경험주의는 관념을 쌓지 않고, 사물의 근본으로 직접 바로 파고든다.

공자는 격물, 치지, 성의, 정심을 통하여 사물의 이치를 궁구하여 자연의 근본 이치를 이해하고자 했다. 서양이 물리적 현상을 중시했다면, 동양은 정신적 본질을 중시했다.

서양의 관념과 동양의 경험이 통합되는 미래사회에서는 물질과 정신이 통합되는 사회가 될 것이다. 물질과 정신이 융합되는 사회가 되면, 과학이 정신을 활성화시키는 에너지를 만들어내고, 그로부터 활성화된 정신은 더 진화된 첨단과학을 만들어낼 것이다.

보태기 방식의 서양의 물질문화와 덜어내기 방식인 동양의 정신문화가 합치면, 초과학적 방식의 초현대적 문화가 새로운 양상으로 나타날 것이다.

현대과학은 모든 것이 비어 있다는 것을 입증하고 있다. 원자 단위 이하로 쪼개고 또 쪼개어 나가도 비어 있고, 천문학적으로 확대하고 또 확대해나가도 텅텅 비어 있다. 텅 빈 가운데 만물이 탄생하고, 성장하고, 결실하고, 완성하며 새로운 시작을 반복하고 있는 것이다. 결국 비어 있는 것이 세상을 부리고 있는데, 무형의 성질로 '함이 없는 함'이 작용을 하며 일을 하고 있다. 무위의 도가 모든 것을 조화시키고 융합시키는 것이다.

노자가 말씀하는 무위의 도(道)가 공자가 말씀하는 인성(人性)이고, 석가가 말씀하는 불성(佛性)이고 예수가 말씀하는 영성(靈性)이다. 첨단과학, 첨단기술이 발전하면 할수록 물질은 정신을 만나고 있다. 물질의 대명사가 과학이고 정신의 대명사가 종교라고 볼 때, 과학과 종교는 하나로 융합되어야 할 명제임이 분명하다. 오늘날 우리는 과학과 종교가 융합되어가는 과정을 조망하고 있다.

구원은 우리 밖에서 이루어지는 것이 아니다.
구원은 우리 안에서 스스로 이루어지는 것이다.

석가의 본심은 무엇이었을까? 석가가 깨달은 것은 연기법(緣起法)이다. 이것은 물리법칙에서 말하는 인과법(因果法)과 같은 말이다. 인과법이 앞의 원인과 뒤의 결과를 얘기한 것이라면, 연기법은 근원적인 차원에서 총체적으로 표현한 것이다.

모든 현상에는 최초의 원인이 되는 근본 씨앗이 있다. 현상을 낳은 과거의 씨앗을 종자(種子)라 하는데, 그 인연 종자가 현재의 연을 만나서 결과를 만들어낸다. 그래서 연기법을 다른 표현으로 인연법(因緣法)이라고 말한다.

석가는 연기의 본성이 공(空)임을 깨달았다. 그래서 불법을 연기성공(緣起性空)이라고 말하기도 한다. 이 텅 빈 공(空)에서 우주의 삼라만상이 인연의 법을 따라 생성·소멸하고 있는 것이다. 노자는 이 공(空)을 무(無)라고 말씀했다. 표현이 다를 뿐 의미는 같다. 노자는 "유는 무에서 생겨난다."(有生於無)라고 말씀했고, 석가는 "진공에서 묘하게 유가 나온다."(眞空妙有)라고 말씀했다.

우리는 4대 인류 스승의 말이 과학이라는 사실을 확인하고 있다. 우리는 아직 정신세계를 분명하게 이해할 수 있는 수준이 아니다. 아직은 인지하기가 힘들지만, 물질과학과 정신과학이 급속도로 발전하게 되면, 정신적으로 일어나는 현상도 물질적으로 설명할 수 있을 것이다. 영적 에너지가 물질적 형상을 만들고, 물질적 형상이 영적 에너지와 소통하고 있는 사실을 현대 과학자들은 실험을 통해 이미 입증하고 있기 때문이다.

석가의 본심을 분명하게 알 수 있는 경전인『금강경』에는 "보살은 모든 법에 대해 마땅히 머무는 바 없다."라는 표현이 있다.『금강경』은 우리에게 반야(般若)의 지혜인 무위법(無爲法)을 알려준다. 이 점에서 석가는 노자의 근본 사상인 무위(無爲)와 같다.

보살(菩薩)은 '보리살타'의 준말이다. '보리'는 진리(眞理)를 의미하고 '살타'는 대인(大人)을 뜻한다. 유교식으로 말하면 진리를 깨닫고 실천하는 대인군자를 말한다. 보살은 어떤 법에도 매이지 않는다. 보살은 어떤 의식의 경계에도 매이지 않고 자유롭기 때문에 바르게 판단한다.

우리가 모든 것에 마음이 매이는 것은 집착에서 비롯된다. 흔히 무엇에 집착하는 자신이 우리 자신이라고 믿는다. 그러나 우리 자신은 물질적 요소들이 결합된 몸과 정신적 작용으로 구성된 마음이 인연으로 만나 한 덩어리가 된 것이다.

우리가 현재 아는 것은 진정한 앎이 아니다. 진정한 앎이 아니니까 망상이다. 우리는 망상이 만든 세상에 살고 있다. 그리고 의식 상태가 각자 다르니까 서로 다른 망상의 세계에 살고 있는 것이다.

우주의 관점에서 보면 만물은 잠시 머물다 가는 것에 불과하다. 우주는 잠시도 멈추지 않고 돌고 돈다. 우주적 시간으로 보면 모든 존재는 찰나에 불과하다. 찰나에 존재하는 것을 우리는 영원한 것으로 잘못 알고 매여 있다.

석가는 "무릇 상(相)이 있는 것은 모두 허망하다."라고 말씀한다. 여기서 상은 물질적 대상뿐만 아니라 우리의 정신적 의식 대상도 포함한다. 우리의 의식은 잠시도 쉬지 않고 움직인다. 그 어떤 것도 잠시 머무는 현상에 불과하다. 인연법에 따라 인연이 모여 일시적으로 하나의 상을 이루고 있지만, 또 다른 인연과 만나면 허물어질 것이다. 그러니까 모두 허망하다. 그러나 우리의 의식을 돌이켜 허망한 현상의 근원을 본다면, 우리는 진리를 볼 수 있다. 석가는 말씀한다.

"만약 모든 상이 상이 아님을 본다면, 여래를 보리라."

상이 없다는 것은 쉽게 표현하면, 일체의 고정관념이 없다는 것이다. 이것은 공자가 '빈 마음으로 문제의 양면을 파악한' 그런 마음이기도 하다. 이것은 노자의 '함이 없는 함'이 도달하는 무위의 경지이기도 하다.

진리의 본체는 하나다. 그것은 영원불변한다. 그러나 공성(空性)을 지닌 것이 우주의 삼라만상이 되면 특정한 말로 표현할 수 없는 상태가 된다. 그것은 너무나 다양하다. 그래서 『금강경』은 "정해진 것이 없는 법"(無有定法)이라고 말한다.

진리는 차별이 없지만 현상은 차별이 있다. 석가는 "궁극의 진리에 이르는 순간까지 마땅히 머물지 않는 마음을 내어야 한다."고 설법한다. 이 머물지 않는 마음이 천국(天國)에 들어가는 열쇠다. 천국이라는 단어는 주로 성경에서 사용하고 있지만, 예로부터 불경에서도 사용해온 단어다. 천국은 어느 종교의 신앙으로 들어갈 수 있는 곳이 아니다. 개인의 청정한 삶과 도리를 따르는 삶으로 들어갈 수 있는 곳이다. 바로 머물지 않는 마음으로 영원한 생명과 영원한 복락을 얻게 되는 것이다. 머물지 않는 마음은 없앨 수 없는 영원한 생명이다.

우리가 미혹에 사로잡혀 있을 때는 모든 의식 경계가 분명하지 않다. 장자(莊子)는 우리의 미혹된 삶을 꿈에 비유했다. 꿈같은 인생을 한평생 살다가 임종에 이르면, 꿈이 현실인지 현실이 꿈인지 알수 없게 되는 것이다.

우리는 각자 다른 상황을 가질 뿐, 우리 모두는 의식의 감옥에 갇혀 있는 것이다. 만약 우리가 의식의 감옥을 깨고 나올 수 있다면, 우리가 살고 있는 이 세상을 전혀 다르게 볼 수 있을 것이다. 우리가 세상을 전혀 다르게 본다는 것은 세상이 바뀐 것이 아니라, 우리가 어리석음의 무명(無明)에서 벗어나 지혜의 광명(光明)을 회복한 것이다. 이렇게 되면 진리(정신)와 현상(물질)이 따로 존재하는 것이 아니라, 하나로 통합된 것이다. 현상계에서도 천국의 삶을 살 수 있게 되는 것이다. 다른 말로 표현하면 지상천국을 이루는 것이다. 이것을 중도실상(中道實相)이라고 표현한다.

석가는 중생의 미혹을 깨우치기 위해 줄곧 공(空)에 대해 설파했다. 하지만 열반이 가까워지자 진공(眞空)에서 묘유(妙有)가 나와 중도(中道)를 이루는 실상(實相)을 말씀했다. 『법화경』에 이런 표현이 있다.

"이 법은 법위에 머물면서도 세간의 모습에도 상주한다(是法住法位, 世間相常住)."

여기서 법위는 진리의 경계를 말한다. 진리(정신)의 세계와 현실(물질)의 세계가 따로 있지 않음을 석가는 설파하고 있다. 현실세계는 진리의 세계와 다르지 않지만, 그러나 동일하지도 않다. 깨닫지 못한 사람은 진리를 보지 못하기 때문에 끊임없는 고통을 반복할 수밖에 없는 것이다.

깨달음의 세계에서는 일상의 모든 삶이 그대로 진리의 삶이 된다. 진리는 먼 곳에 있는 것이 아니라, 바로 우리 자신 안에 있다. 구원은 우리 밖에서 이루어지는 것이 아니다. 구원은 우리 자신 안에서 스스로 이루어지는 것이다. 석가는 바로 이 점을 우리에게 가르쳐주고 있다.

하늘의 뜻인 도(道)를 실천하는 사람이 바로 진정한 그리스도인이다.

예수의 본심은 무엇이었을까? 올바른 도(道)란 무엇일까? 올바른 '도'란 '하늘의 뜻'을 말한다. 하늘의 뜻이란 '생명정신', '살리는 정신'을 말한다. 이것을 우리는 의인(擬人)화하여 '하느님'이라 부른다. 이 점에 대해 예수는 분명히 말씀했다.

> "나더러 주님! 주님! 하고 부른다고 다 하늘나라에 들어가는 것이 아니다. 하늘에 계신 내 아버지의 뜻을 실천하는 사람이라야 들어간다."
>
> — 마태복음 7:21

예수는 피상적으로 믿는다고 다 구원되는 것이 아니라는 사실을 분명히 지적하고 있다. 우리가 여기에서 확인할 수 있는 것은 종교를 차별화하고 구원을 독점하려 한다면, 그것은 분명히 예수 그리스도의 가르침을 위배하고 있다는 사실이다. 중요한 것은 하늘의 뜻이다. 하늘의 뜻을 우리는 도(道)라고 부른다. 하늘의 뜻인 도(道)를 실천하는 사람이 바로 진정한 그리스도인이다. 이점을 예수는 이렇게 말씀한다.

"하늘에 계신 내 아버지의 뜻을 실천하는 사람이면 누구나 다 내 형제요 자매요 어머니이다."

— 마태복음 12:50

예수는 어느 종교를 믿느냐가 중요한 게 아니라, 하늘의 뜻에 맞게 사느냐가 중요하다고 거듭 말씀한다. 구원의 핵심은 단순히 하느님을 믿는 데에 있는 것이 아니라, 하늘의 뜻에 맞게 올바른 삶을 사느냐에 있다는 것이다.

우리는 종교의 형식이 그다지 중요하지 않다는 점을 4대 스승의 가르침을 통해 알 수 있다. 하지만 오늘날 대부분의 종교 지도자들은 전통이라는 오래된 권위와 성직자들이 만들어낸 형식적 명분으로 자신이 속해 있는 종교의 전통과 교조적이고 습관적인 교리를 매우 중요하게 생각한다. 이 부분에 대하여 예수는 이렇게 말씀한다.

"너희는 전통을 지킨다는 구실로 교묘하게 하느님의 계명을 어기고 있다."

— 마가복음 7:9

하늘의 계명이 무엇일까? 하늘의 계명은 하늘의 뜻, 하늘의 도리에 맞는 삶을 말한다. 하늘의 뜻을 따르는 사람은 진실하다. 형식은 비록 다르지만 하늘의 뜻에 맞는 삶을 영위한다면 모두 하늘의 진실한 자식이 된다.

인류정신문화 뿌리 선비사상 바로 알기

하지만 하느님의 이름을 팔아 자신의 편의와 이득을 챙기는 자들이 있다면, 그들은 진실한 삶을 살지 않는 사기꾼, 위선자에 불과하다. 이 점에 대해서 예수는 이렇게 말씀한다.

"너희는 그 행위를 보아 그들이 어떤 사람인지 알게 된다."

― 마태복음 7:20

오늘날 성직자라는 사람들이 예수의 가르침을 왜곡하고 함부로 성경을 변주 해석하기 때문에 진리를 따라가지 못하는 신자들이 생긴다면 어떻게 될까? 이 점에 대하여 예수는 이렇게 말씀한다.

"소경이 소경을 인도하면 둘 다 구렁에 빠진다."

― 마태복음 15:14

예수의 말씀처럼 우리는 그 사람의 삶을 보면 그 사람이 진실한 사람인지, 아니면 위선자인지 분별할 수 있다. 위선자들이 보이는 특징은 신앙을 독점하고 스스로 권위를 내세우는 데 있다. 종교적 배타주의를 예수는 이렇게 힐책하고 있다.

"너희는 하늘나라의 문을 닫아놓고는 사람들을 가로막아 서서 자기도 들어가지 않으면서 들어가려는 사람마저 못 들어가게 한다."

― 마태복음 23:13

하느님은 우리가 생각하는 특정한 존재가 아니다. 하느님은 '하늘의 뜻'이다. 기독교적 표현으로는 하늘의 영(靈)이다. 하늘의 영은 우주의 근본이자 우주의 얼이다. 한마디로 우주의 본심(本心)이다. 이것을 우리는 하느님이라고 간단하게 표현한 것이다. 이것을 노자는 '그 이름을 알지 못해'(不知其名 『도덕경』 25장) 짐짓 도(道)라고 부른 것이다. 만약에 어느 특정한 존재로서 하느님을 믿고 하느님을 섬긴다면, 그 사람은 진리에서 아주 멀어져 버린다. 쉽게 표현하면 개인의 관념이 생각해낸 하느님을 만들어서 그 존재를 자의적으로 믿고 섬기는 것과 같다. 이것만큼 성령을 모독하는 행위도 없다. 예수는 이점에 대해 특별이 경고한다.

> "성령을 모독하는 사람은 영원히 용서받지 못할 것이며, 그 죄는 영원히 벗어날 길이 없을 것이다."
>
> — 마가복음 3:29

사람의 죄는 잘못을 회개하고 고치면 용서받을 수 있다. 그러나 성령을 모독하는 것은 하늘의 뜻에 역행하는 것이기 때문에 영원히 용서받을 수 없는 것이다. 예수는 영적으로 믿을 것을 강조한다. 예수는 특별이 이 점을 강조해서 말씀한다.

> "정말 잘 들어두어라. 누구든지 새로 태어나지 아니하면 아무도 하느님의 나라를 볼 수 없다."
>
> — 요한복음 3:3

새로 태어난다는 것은 영적으로 깨어남을 말한다. 영적으로 깨어남이란 영적으로 깨닫는다는 뜻이다. 깨달음에 대하여 우리는 석가의 가르침과 예수의 가르침이 일치한다는 것을 발견한다. 영성을 깨달은 사람은 하느님의 자식이요, 불교식으로 표현하면 바로 부처요 보살이다. 성령(聖靈)은 불성(佛性)이라는 단어와 맥을 같이하는 것이다. 예수는 "아버지와 나는 하나이다."(요한복음 10:30)라고 말씀한다.

예수는 "하늘에 계신 아버지께서 완전하신 것같이 너희도 완전한 사람이 되어라."(마태복음 5:48)라고 가르쳐준다. 이 말씀은 사람은 완전한 사람이 될 수 있는 존재라는 것을 확인해준다. 공자가 완전한 사람이 되기 위해서는 인간의 본성을 깨닫고 그 본성을 실천해야 한다고 가르친 것과 맥을 같이하는 말이다.

결론적으로 예수는 "하느님의 나라는 바로 너희 가운데 있다."(누가복음 17:21)고까지 구체적으로 말씀한다. 인간이 곧 하느님임을 가르쳐준다. 공자의 천인합일(天人合一), 석가의 대오각성(大悟覺醒), 동학(東學)의 인내천(人乃天)과도 맥이 통하고 있다. 이 사실을 예수는 이렇게 말씀한다.

> "하느님의 말씀을 받은 사람들을 모두 신이라 불렀다."
>
> ― 요한복음 10:35

태초에 하느님과 말씀은 하나였다. 말씀이 성령이고 말씀으로 생겨난 '생명은 사람들의 빛'(요한복음 1:4)이었다. 이 말씀은 하늘과 인간은 동등한 관계라는 말이다. 공자가 말하는 천지인(天地人)이 합

일된 상태인 것이다. 석가는 기세경(起世經)에서 인간이 광음천(光音
天)에서 내려왔다라고 말씀한다. 성인의 표현 그대로 태초에 빛과
진리의 말씀인 음성이 충만했고 인간은 천지를 자유롭게 노닐 수
있었다.

그러나 아득한 옛날 인간은 빛의 말씀을 잃어버렸다. 인간은 영
성을 잃어버렸다. 영성의 광명을 잃어버린 인간은 무명(無明)에 가려
어두워졌다. 인간은 밝은 세상을 잃어버리고 어두운 세상을 헤매
게 된 것이다. 예수는 이것을 안타까워했다. 예수는 사람들이 어리
석음에서 깨어나 진리의 빛을 되찾기를 진실로 소망했던 것이다. 예
수는 이렇게 말씀한다.

　　"너의 온몸이 어두운 데가 하나 없이 빛으로 가득 차 있다면 마
　　치 등불이 그 빛을 너에게 비출 때와 같이 너의 온몸이 밝을 것이
　　다."

— 누가복음 11:36

예수는 사람들이 깨우쳐 그들이 하늘의 빛을 회복하고, 진리를
깨달아 대자유(大自由)를 얻기를 갈구했다. "진리가 너희를 자유롭
게 할 것이다."(요한복음 8:32)라는 예수의 말씀은 이를 잘 표현하고
있다. 모든 성인들이 세상의 흐트러짐을 보고 이를 올바르게 교화
하려고 한 이유는 한 가지로 동일하다.

공자는 세상의 모진 어려움과 주위의 무시에도 불구하고 세상의
밝은 빛을 깨우치기 위해 후손을 잘 키우려고 평생을 제자들 교육
에 바쳤다. 석가도 사람들의 어리석음을 깨우치기 위해 한 곳에 안

주하지 않고, 평생 돌아다니며 제자들에게 설법했다. 예수도 마찬가지다. 예수는 이렇게 말씀한다.

"내가 너희에게 한 일을 너희도 그대로 하라고 본을 보여준 것이다."

— 요한복음 13:15

예수의 이 말씀에서 우리는 예수의 깊은 자비와 사랑을 그대로 느낄 수 있다. 우리가 예수의 가르침대로 하늘의 뜻에 부합하는 진리의 삶을 그대로 살아간다면, 예수가 말씀한 대로 우리는 '자신이 길이요 진리요 생명'이 될 것이다.

인간은 어떻게 하면 하늘의 영광을 땅 위에서 재현할 수 있을까? 노자, 공자, 석가, 예수가 공통적으로 말한 것 중의 하나는 하늘의 뜻인 도(道), 그리고 그 도를 땅 위에 펼치고 쌓는 덕(德)을 실현하는 일이다.

하늘의 뜻을 땅 위에 펼칠 때 예수는 "오른손이 하는 일을 왼손이 모르게 하여 그 자선을 숨겨두어라. 그러면 숨은 일도 보시는 네 아버지께서 갚아주실 것이다."(마태복음 6:3-4)라고 말씀한다.

석가도 "머무는 바 없는 보시"(無住相布施)를 말씀한다. 노자도 "한다는 의식 없이 함"(無爲)을 강조한다. 공자도 자장(子張)이 착한 사람의 행동도리에 대하여 묻자 이렇게 말씀한다. "흔적을 남기지 않아야 한다."(不踐迹)

성인들이 말씀하는 이러한 공덕을 음덕이라고 한다. 음덕(蔭德)은 음복(蔭福)을 불러온다. 남이 알게 하는 공덕은 양덕이다. 양덕도 대가를 받는다. 그러나 그것은 물질적인 대가다. 그 복은 금방 사라질 복이다. 하지만 자신을 드러내지 않는 음덕은 하늘의 뜻이기에 하늘에 저장된다. 음덕은 음복을 불러오고 음복은 사라지지 않는다. 예수는 이렇게 말씀한다. "너희는 남에게서 바라는 대로 남에게 해주어라. 이것이 율법과 예언서의 정신이다."(마태복음 7:12)

예수의 이 말씀을 우리는 서양의 황금률이라고 부른다. 예수가 말씀한 서양의 황금률은 공자가 말씀한 동양의 황금률, 즉 "자기가 당하기를 원하지 않는 일은 다른 사람에게도 행하지 마라"라고 한 말씀과 맥을 같이한다. 공자는 예수보다 5세기나 앞서서 사람들에게 인간사의 황금률을 가르쳤던 것이다.

공자가 평생을 통해 제자에게 가르친 것은 충서(忠恕)의 균형 철학이다. 이것은 노자가 말한 무위의 도(道)가 작용하는 방식이기도 하다. 이것은 석가의 중도실상(中道實相)이기도 하다. 이것은 하늘의 뜻이고 하늘의 원칙이다. 예수는 하늘의 원칙을 인간관계에도 그대로 적용했다. 예수는 이렇게 말씀한다.

"남을 판단하는 대로 너희도 하느님의 심판을 받을 것이고 남을 저울질하는 대로 너희도 저울질을 당할 것이다."

— 마태복음 7:2

석가가 말씀한 중도실상(中道實相)을 공자는 중용(中庸)이라고 말씀했다. 중(中)이란 하늘의 본심이고 용(庸)이란 조화롭게 쓰는 것을 말한다. 중용이란 하늘의 뜻과 하늘의 이치대로 세상을 조화롭게 유지하는 것을 의미한다. 예수는 용서와 사랑을 강조한다. 예수

는 사랑으로 모든 악연을 끊고 천국에 이르는 방법을 이렇게 말씀
한다.

> "원수를 사랑하고 너희를 박해하는 사람들을 위하여 기도하여
> 라. 그래야만 너희는 하늘에 계신 아버지의 아들이 될 것이다."
>
> — 마태복음 5:44-45

공자의 사랑은 인(仁)으로 표현된다. 인은 단순히 어짊을 뜻하는
것이 아니다. 사람과 사람과의 관계를 조화롭고 평화롭게 유지시키
는 승화된 사랑을 뜻한다. 공자는 이렇게 말씀한다.

> "뜻이 있는 사람과 인한 사람은 자신을 살리기 위해 인을 해치는
> 일이 없고, 자신을 죽여서라도 인을 이룬다."
>
> — 위령공(衛靈公) 편

이러한 정신으로 공자는 "널리 사람을 사랑하라"(汎愛衆-학이편)라
고 강조했다. 공자의 사랑 정신은 서양으로 전파되어 유럽에서 싹
튼 박애정신이 되었다. 여기에서 우리가 발견하는 것은 공자의 범애
중정신(汎愛衆精神)과 예수의 박애정신(博愛精神)은 서로 확실히 닮은
꼴이라는 사실이다. 진실한 기도는 자신의 삶을 반성하는 것이다.
따라서 진실한 기도는 진실한 명상이 되기도 한다.

일상의 생활 속에서 자신의 삶을 반성해보면 자신의 삶을 바른
길로 변화시킬 수 있다. 이것은 하늘이 인간에게 부여한 특권이다.
이것은 하늘이 준 세상의 섭리이다. 자신을 변화시키는 것은 늘 자

기 자신이다. 다른 누구도 자신을 변화시킬 수는 없다. 최고의 기도는 교회나 절에 있는 것이 아니라, 자신을 고요하게 반추할 수 있는 곳에 있다. 본래 기도의 목표는 하늘(하느님)의 뜻에 비추어 자신의 삶을 반추해보는 일이다.

흔히 우리들이 하고 있는 자기 소원을 비는 것은 기도가 아니다. 그것은 흥정을 하고 기복을 하는 것이다. 『탈무드』에서는 "스스로 할 수 있는 일은 하느님께 기도하지 마라."라고 말한다.

성인들이 공통적으로 추구한 것은 물질적인 풍요가 아니라, 정신적인 풍요다. 정신적인 풍요는 우주의 본심을 깨달아야 얻을 수 있다. 우주의 본심을 회복하기 위해서는 사람들이 집착하는 물질적 욕망이 헛되다는 것을 일깨워야 한다. 인간의 모든 불행은 '나' 그리고 '내 것'이라는 집착에서 비롯된다.

석가는 전도망상(顚倒妄想)을 없애기 위해 철저하게 금욕주의 수행 방식인 두타행(頭陀行)을 강조했다. 두타행은 온갖 번뇌와 욕망을 정화하기 위해 모든 세속적 편안함을 버리고 걸식하면서 수행하는 것을 말한다. 예수도 제자들에게 똑같은 지시를 했다.

> "길을 떠날 때 아무것도 지니지 마라. 지팡이나 식량 자루나 빵이나 돈은 물론, 여벌 내의도 가지고 다니지 마라."
>
> — 누가복음 9:3

석가나 예수는 사람들에게 영원한 생명을 주기 위해 일시적으로 사람들의 세속적인 편안함과 행복을 차단할 필요가 있었던 것이다. 우리 사회의 속담에 '99마지기 가진 부자가 100마지기 채우려고 1

마지기 가진 것을 빼앗는다'는 말이 있다. 이것은 부인할 수 없는 일반인들의 세속적 심리이다. 예수는 경고한다.

> "부자가 하느님 나라에 들어가는 것보다는 낙타가 바늘귀로 빠져나가는 것이 더 쉬울 것이다."
>
> — 마가복음 10:25

공자는 강조한다.

> "인(仁)하지 않은 사람은 검약함에도 오래 처할 수 없고, 안락함에도 오래 처할 수 없다."
>
> — 이인(里仁) 편

예수는 또 이렇게 말씀한다.

> "너희는 하느님과 재물을 아울러 섬길 수 없다."
>
> — 마태복음 6:24

석가는 "인간의 어리석음인 무명의 때를 벗겨내는 순간 바로 이 땅에 극락의 세계가 실현된다."라고 말씀한다. 공자는 격물, 치지, 성의, 정심으로 개인 인격 수양을 하여 수신, 제가, 치국, 평천하의 단계로 사회인격 수양을 하면 대동사회(大同社會 : 파라다이스) 건설을 이 세상에 만들 수 있다고 외쳤다. 공자의 목표는 사람이 죽고 난 후의 저세상이 아니라, 사람이 살아 있는 이 세상에서 모두 함께 누릴 수 있는 평안, 평등, 평화의 공동체, 즉 평천하(平天下)를 건설하는 것이었다. 공자는 하늘의 뜻을 땅에 쌓는 것이 바로 평천하의 대동사회 건설이라고 말씀했다.

예수는 "생명에 이르는 문은 좁고 또 그 길이 험해서 그리로 찾아드는 사람이 적다."(마태복음 7:14)라고 말씀한다. 쾌락에 물들어 있는 사람들이 천국에 가고 싶다고 해서 쉽게 천국의 문이 열리지 않으리라는 것을 지적한 것이다. 그러나 그 좁은 문을 열고 들어가면, 젖과 꿀이 흐르는 영원한 낙원이 있다.

예수의 진정한 목적은 '하늘의 뜻이 이 땅에서도 이루어지는' 지상낙원(파라다이스)을 인간이 이 땅에 실현하는 것이었다. 예수의 본심과 석가의 본심과 공자의 본심과 노자의 본심이 맥을 같이하는 것임을 우리는 성인들의 가르침에서 확인할 수 있다.

우리 민족의 3대 경전인 천부경, 삼일신고, 참전계경을 공부하고 실천하는 삶을 살아야 한다.

천부삼경(天符三經)이란 무엇인가?

천부삼경은 하늘이 부여한 우리민족의 고대 경전이다. 고대 우리 민족의 3대 성인은 환인, 환웅, 단군이다. 천부삼경은 고조선을 건국한 단군이 배달국을 건립한 환웅으로부터 계승하고, 환웅이 환국을 건립한 환인으로부터 계승했다고 전해지는 우리 민족 최고의 가장 오래된 경전이다.

천부삼경은 『천부경(天符經)』, 『삼일신고(三一神誥)』, 『참전계경(參佺戒經)』이다. 천부삼경은 실로 오랜 세월을 지나면서 실전되었던 것이 조금씩 세상에 드러나기 시작하여 오늘날에는 단군교, 대종교, 천도교, 증산교 등 민족 종교에서 경전으로 사용하고 있다.

그러나 천부삼경은 어느 특정 종교가 전유할 경전이 아니다. 그리고 천부삼경을 거론하면 마치 어느 특정 민족 종교의 교인으로 취급하려는 성급한 편견도 바람직하지 않다. 왜냐하면 천부삼경은 찬란하고 유구한 역사 속에서 우리 민족이 향유해온 고유한 경전이자 소중한 우리나라의 전통문화 유산이기 때문이다.

천부삼경은 하늘의 뜻인 도(道)의 본체에 관한 것과 그것이 땅에서 이루어지는 덕(德)의 본질에 대하여 얘기하고, 인간이 향유하는 일상생활의 윤리에 이르기까지 모든 도덕윤리를 간결하게 설명하고 있다.

『천부경』은 우주 본체의 원리와 도리를 간단한 81개의 숫자와 문자로 표현한 경전이다.

『삼일신고』는 하늘의 뜻인 도의 본질과 그 본질에 이르는 방법을 366자의 문자로 표현한 함축적인 경전이다.

『참전계경』은 우주의 진리와 작용을 인간의 일상생활에 결부시켜, 인간이 마땅히 지켜야 할 도리와 윤리로 전환시켜 8강령 366사(事)로 기술한 경전이다.

『천부경』은 무엇인가?

『천부경』이 얘기하는 뜻은 지구를 구성하는 하늘, 땅, 사람이라는 세 가지 요소가 우주의 근본에서 나왔고, 근본에서 나온 모든 만물은 변화를 반복하다가, 때가 이르면 다시 근본으로 돌아가는 이치를 설명해놓은 것이다.

『천부경』은 전부 81자의 간결한 문자의 표현이기에 문자를 푸는 방법에 따라 다양한 해석이 가능하다. 『역경(주역)』에 입각해서 푸는 사람도 있고, 천지인에 부여된 숫자를 활용해서 푸는 사람도 있고, 우주 변화의 관점에서 천문역법으로 푸는 사람도 있다.

참으로 묘한 것은 어떻게 풀든 간에, 어떻게 해석하든 간에, 묘하게 서로 의미가 통한다는 것이다. 여기에서 말하는 가장 중요한 포인트는 우주의 본체인 우주의 본심은 인간의 본심과 상응한다는 것이다. 그러므로 인간을 중심으로 천지가 하나로 합일될 수 있으며, 그 본심은 시작도 없고 끝도 없이 존재하며, 그 본질은 태양처럼 빛나는 밝은 광명(빛)이라는 사실이다.

진리의 본체는 하나이지만, 그로부터 파생되는 현상은 무수하여 그에 이르는 길도 무수하다. 인간의 의식 수준에 따라 경전은 달리 보이기도 하여, 여기에서 『천부경』을 새롭게 해석하는 것은 어쩌면 무의미하다는 생각이 든다. 새로운 해석은 또 다른 편견, 선입견, 고정관념, 자아도취를 불어넣어 새로운 망상을 하나 더 만들 뿐이기 때문이다.

한 가지 더 묘한 것은 『천부경』은 전체의 문자 숫자가 81자인데, 노자의 『도덕경』은 81장(章)으로 이뤄져 있다는 것이다. 노자는 『도덕경』에서 이렇게 얘기한다.

"한 물건이 있어 혼돈으로 이루어졌으니, 하늘과 땅보다 먼저 생겨났다. 고요하구나! 텅텅 비어 적막하구나! 홀로 솟아나 변함이 없고, 두루 행하면서 게을리 쉬지 않으니, 천하의 어머니가 될 만하다. 내가 그 이름을 알지 못해 글자를 붙여 도(道)라 하고, 짐짓 그것의 이름을 부른다면 크다(大)고 말할 수 있다. 크다는 간다고 말할 수 있고, 간다는 멀다고 말할 수 있으며, 멀다는 돌아온다고 말할 수 있다. 그러므로 도는 크고 하늘도 크고 땅도 크고 왕(사람)도 또한 크다."

노자는 우주의 근본인 알 수 없는 일자(一者)를 '한 물건(物)'이라고 했다. 이것은 『천부경』의 일(一)과 닮았다. 그것을 노자는 무엇이라고 형용할 수 없어서 짐짓 도(道)라고 칭했다. 텅 빈 일(一)은 어머니와 같다. 도가 천하 만물의 근원이니, 그것을 또 짐짓 '크다(大)'라고 했다. 그로부터 나온 하늘(天), 땅(地), 그리고 만물의 영장인 인간(人=王)도 '크다'고 할 수 있다. 이것은 『천부경』의 '대삼'(大三)과 일치한다.

　도의 작용은 가고 돌아오며 만물을 근원으로 복귀시킨다. 가고 돌아오는 끝없는 순환 과정을 반복하며 우주는 순환 반복하고 있다. 결론적으로 노자는 "돌아감은 도의 움직임이고 천하 만물은 유에서 생겨나지만, 유는 무에서 생겨난다."라고 얘기한다. 이것은 『천부경』에서 얘기하는 내용과 본질적으로 같은 내용이다.

한글로 옮긴 『천부경』(天符經)

　하나는 시작이 없는 하나이다. (一始無始一)

　셋으로 드러나도 다함이 없는 하나이다. (析三極無盡本)

　하늘은 하나의 하나요 땅은 하나의 둘이요 사람은 하나의 셋이다. (天一一地一二人一三)

　하나가 쌓여 열이 되고 형상 없음이 나뉘어 삼이 된다. (一積十鉅無匱化三)

　하늘에 천지인이 있고 땅에 천지인이 있으며 사람에 천지인이 있다. (天二三地二三人二三)

　천지인 셋이 합하여 육을 이루고 육으로부터 칠, 팔, 구가 생겨난다. (大三合六生七八九)

　천지인이 운행하여 공간이 나타나고 시간이 돌아 현상계가 나타난다. (運三四成環五七)

하나의 신묘한 흐름이 수없이 오고 가도 쓰임은 변하지만 근본은 변함이 없다. (一妙衍萬往萬來用變不動本)

본래의 마음은 태양처럼 높고 밝으며 (本心本太陽昂明)

사람 속에 하늘, 땅이 하나로 있다. (人中天地一)

하나는 끝이 없는 하나이다. (一終無終一)

『삼일신고』는 무엇인가?

『삼일신고(三一神誥)』는 우리 민족 신시(神市) 배달국 시대에 거발한 환웅천황이 백성들을 교화하기 위해 지은 교화경(教化經)으로 신관(神觀), 천관(天觀), 만물관(萬物觀), 인성론과 수행론에 대한 내용을 담고 있다.

삼일신고의 핵심은 하늘(一)은 사람(三)을 포함하고 있다는 집일함삼(執一含三)과 사람(三)은 하늘(一)로 돌아간다는 회삼귀일(會三歸一)의 원리를 근본으로 삼는다.

집일함삼(執一含三)하고 반망귀진(返妄歸眞)하여 현상 세계의 심기신(心氣身) 삼망(三妄)에서 진리 세계의 성명정(性命精) 삼진(三眞)으로 돌아가는 것이며 성통공안(性通功完)하고 회삼귀일(會三歸一)하여 홍익인간(弘益人間)이 되는 것이다.

널리 세상에 이로움을 주는 홍익인간으로 지상천국인 이화세계를 건설한다는 것이다.

삼일신고의 삼일(三一)은 천. 지. 인(天. 地. 人)의 삼신일체(三神一體)를 표방한다.

빛의 삼원색은 빨강, 파랑, 초록이다.

빛의 삼원색을 표방하는 삼태극(三太極)은 삼일체(三一體)를 의미한다.

빛의 삼원색은 섞을수록 밝아지고 빛의 삼원색을 모두 합하면 궁극에는 하얀 흰색이 된다.

그리고 이 삼원색을 적절히 섞으면 우리가 원하는 어떤 색깔의 빛도 만들 수 있다.

우리 민족을 백의민족으로 부르는 이유다.

『삼일신고』는 진리 세계의 본질과 인간이 진리 세계의 본심으로 돌아갈 수 있는 복본(複本)의 방법을 설명하고 있다. 『삼일신고』는 천부삼경(또는 천부삼인-天符三印-이라고도 함) 중에서 하늘의 도리에 이르는 수행법을 알려주는 내용인데, 한 구절씩 인용하여 살펴보자.

환웅이 말씀하셨다. "원보 팽우야!"

여기서 환웅은 고대 배달 제국을 세운 거발한 환웅을 말한다. 환웅은 지위리 환인으로부터 천부삼경을 물려받는다. 환웅 천황은 매년 하늘에 제사를 지내는 제사장을 겸했다.

고대 우리 민족은 도인들의 사회를 만들어 도인들의 삶을 살아왔다. 『삼일신고』는 환웅 천황이 신하인 원보 팽우에게 대화하는 형식으로 돼 있다.

푸르고 푸른 것은 하늘이 아니고, 검고 검은 것은 하늘이 아니다.

고대사회에서는 물리적인 하늘과 우주 본체인 형이상학적인 하늘을 그냥 하늘(天)이라고 불렀다. 물리적인 하늘은 형이하학적으로 눈에 보이는 하늘이고, 형이상학적인 하늘은 눈에 보이지 않는 하늘이다. 여기서는 눈에 보이지 않는 우주 본체의 하늘을 지칭하고 있다.

> 하늘은 형체도 없고 질량도 없으며, 시작도 없고 끝도 없으며, 위와 아래 사방도 없으며, 텅텅 비어 있으며, 있지 않은 곳이 없으며, 담지 않은 것이 없다.

우주 본체는 물질이 아니다. 그것은 『천부경』에서 말하는 본심이다. 물질이 아니기 때문에 형질이 없고, 따라서 시작도 없고 끝도 없다. 『천부경』에서는 이것을 무시무종(無始無終)으로 표현한다. 또한 상하가 없고 사방이 없다. 다시 말하면 시간도 없고 공간도 없다. 또한 머무는 바 없이 모든 곳에 편재하며, 모든 것을 담고 있다.

> 하느님은 위가 없는 첫 번째 자리에 계시며, 대덕(大德), 대혜(大慧), 대력(大力)을 지니신다.

하느님은 위가 없는 모든 경계에 있다. 우주 본체이기 때문이다. 하느님은 전지전능하다. 고요한 상태로 있지만 가늠할 수 없는 대덕, 대혜, 대력을 발휘한다. 하느님은 무위의 공덕을 행사한다.

> 보이는 하늘을 내시고, 수없이 많은 세계를 주관하시며, 많고 많

은 만물을 만드시고, 미세한 티끌 하나 새지 않게 하시고, 밝고 밝게 깨어 지극히 신령스러우시다.

본심으로부터 수없이 많은 현상 세계가 나타난다. 본심인 하느님은 항상 밝고 소소영영(昭昭靈靈) 하다. 소소는 밝고 밝은 모습이고, 영영은 지극히 신비하고 신령스런 모습이다.

감히 하느님의 이름을 부르거나 헤아릴 수 없느니라.

우주의 본심인 하느님을 깨닫지 못한 인간은 감히 하느님을 상상할 수 없다. 하느님에게는 어떤 명칭도 어울리지 않으며, 하느님이라는 이름은 그저 인간의 편의상 일시적으로 부르는 명칭에 불과하다. 노자의 말처럼 '그 이름을 알지 못해' 짐짓 이름을 지어 부르는 것이다.

만약에 소리와 기운으로 하느님을 원하여 빈다면 친히 뵐 수 없느니라.

이것은 소리로 외쳐 부른다고 해서, 기운을 써 부른다고 해서 하느님의 본심을 알 수 없다는 것을 의미한다. 만약에 소리와 기운으로 하느님을 원하여 빌어서 신비한 체험을 한다면, 그리고 자신이 무슨 구원자나 된 것처럼 느껴서 행동한다면, 그것은 깨달음과는 멀어지고, 악마의 유혹을 받아 세상을 어지럽히는 사악한 존재가되기 쉽다는 경종을 울려준다.

스스로 자신의 본성을 구하는 사람은 하느님이 너의 뇌에 내려 오느니라.

인간에게는 이미 하느님의 본성이 구비되어 있다. 인간은 본래부터 하느님의 본성을 가지고 태어난다. 이것을 유교에서는 인성(人性)이라 하고, 불교에서는 불성(佛性)이라 하고, 도교에서는 도성(道性)이라 하고, 기독교에서는 영성(靈性)이라 말한다.

인간에게는 두뇌(頭腦)가 있고 원뇌(原腦)가 있다. 원뇌는 배꼽 주위에 있는 복뇌(腹腦)를 말한다. 두뇌는 심층신경망을 말하고, 원뇌는 태양신경총을 말한다. 두뇌에서 원뇌에 이르는 신경이 모두 살아나야 본성이 깨어날 수 있다.

하느님이 계시는 하늘나라는 천궁(天宮)이 있느니라. 수많은 선행의 계단을 밟고 밟아, 수많은 공덕의 문을 열고 들어가야 갈 수 있는 곳이니라.

우주 본체인 진리의 세계는 단순히 기도한다고 갈 수 있는 곳이 아니다. 수많은 선행을 무위로 하고 수많은 공덕을 무위로 쌓아야 한다. 하늘의 뜻에 따라 낮은 곳에 임하여 하염없는 자비와 사랑을 베풀어야 한다. 특히 물질적 욕망에 집착하는 자신을 극복해야 한다.

여기는 하나이신 하느님이 거쳐하는 곳이며, 모든 신령한 존재들이 호위하여 모시며, 무한히 길하고 상서로운 곳이니라.

하느님은 우주 본체다. 하나이신 하느님이 되는 이유다. 따라서 하느님은 부분이 아닌 전체의 본성이다.

모든 본성을 회복하는 일대 사업을 완수한 자만이 하느님을 만나고 영원한 쾌락과 즐거움을 얻느니라.

우주의 본성은 진리의 본성이며 우주의 본심이다. 이곳은 탐욕이 없으며, 탐욕으로 생기는 고통이 없으며, 영원한 안락과 즐거움만이 있을 뿐이다.

너희는 수풀처럼 빽빽하게 늘어선 별들을 보아라. 그 수가 다함이 없고, 큼과 작음, 밝음과 어둠, 고통과 즐거움이 모두 같지 않느니라.

대우주에는 수많은 세계가 존재한다. 대우주는 성주괴공(成住壤空)을 끊임없이 반복하고 있다. 별들을 보고 별들이 다 같지 않음을 알고, 별들이 끊임없이 생기고, 별들이 끊임없이 사라지는 수많은 세계를 우리는 알아야 한다.

전체이신 하느님은 수많은 세계를 지으시고, 태양계의 사자(使者)에게 칙명을 내려 칠백 세계를 다스리게 하셨느니라.

전체의 대우주에서 태양계로 초점을 좁혀 얘기한다. 사자(使者)는 하늘의 뜻을 전하고 사람들을 구제하는 깨어난 사람을 말한다.

너희 지구가 자체로 크다 하지만, 하나의 구슬 같은 작은 세계이며, 가운데에 화기가 진동하고, 바다가 변해 육지가 되기도 해서, 지금 보이는 모습을 이루었느니라.

인간이 살고 있는 지구는 광활한 우주에 비하면 한 개의 구슬처럼 아주 작은 것이다. 지구의 중심은 엄청난 화기(火氣)로 구성되어 있으며, 불의 성질은 안정되어 있지 않고 요동치고 있다. 화산, 지진, 해일, 폭풍이 일고, 지각이 쪼개지고 변형되어 육지가 바다가 되고 바다가 육지가 되기도 한다.

하느님이 기(氣)를 내뿜어 지구 밑바닥까지 감싸고, 태양의 빛과 열로 따뜻하게 비추니, 걷는 것, 뛰는 것, 나는 것, 몸을 뒤트는 것, 헤엄치는 것, 땅에 뿌리를 둔 것 등 온갖 만물이 번식하느니라.

생명공학이 말하는 생명의 기원은 기와 빛의 에너지이다. 지구과학적으로 설명하면 기는 공기이고, 빛은 태양 에너지다. 공기는 물로 변한다. 따라서 공기와 빛은 생명의 근원이다. 그로부터 만물은 번식한다.

사람과 사물은 동일한 삼진(三眞)을 부여받았으니, 이는 성(性)과 명(命)과 정(精)이니라. 사람은 온전하게 받았고, 사물은 치우치게 받았느니라.

삼진은 성·명·정(性·命·精)이다. 삼망은 심·기·신(心·氣·身)이다. 삼진(三

眞)은 삼망(三妄)과 쌍벽을 이룬다. 삼진의 성·명·정(性·命·精)은 삼망의
심·기·신(心·氣·身)과 대치되는 개념이다.

성(性)은 심(心)과 대치된다. 마음은 미혹에 갇히고 어둠에 싸일
수 있다. 미혹과 어둠에서 벗어나면 인간의 참마음인 성을 회복할
수 있다.

명(命)은 기(氣)와 대치된다. 기운은 탁기와 청기로 구분된다. 사람
은 탁기로 혼탁해진다. 탁기를 정화시키지 않으면 참기운의 명을 회
복하기 어렵다.

정(精)은 신(身)과 대치된다. 감각에 사로잡힌 음욕에서 벗어나야
순수한 기운인 정을 회복할 수 있다.

사람은 성·명·정을 온전히 받은 존재다. 달리 표현하면 참된 영혼,
참된 생명, 참된 몸을 받은 존재다.

참된 성에는 선과 악이 없으니, 위로 밝게 통하고, 참된 명에는
맑음과 혼탁함이 없으니, 중심에서 밝게 살고, 참된 정에는 후함과
박함이 없으니, 아래로 밝게 지키게 되어, 모두 참됨으로 되돌아가
하느님과 하나가 되느니라.

인간은 몸과 마음의 구성으로 생명 에너지를 보유한다. 우리는
몸과 마음의 조화와 균형을 상실해버리기 때문에 안락과 행복을
잃어버린다. 혼탁한 몸과 혼탁한 마음을 정화시켜야 한다. 몸과 마
음을 정화시키면 하느님이 인간에게 준 본성으로 돌아갈 수 있다.
우주의 본체인 하느님은 세 가지를 주의하라고 가르쳐준다. 상·중·
하의 요점을 말한다. 상은 위에 있는 심장(心臟)이다. 중은 가운데에

있는 배꼽의 신궐혈(神闕血)이다. 하는 아래에 있는 생식기관(生殖器官)이다.

심장은 자비와 사랑의 마음인 인성, 불성, 도성, 영성이 거주하는 곳이다. 이곳을 밝혀야 본성과 통할 수 있다.

신궐혈은 모든 신경망이 집중되어 있는 태양신경총을 말한다. 이곳이 바로 원뇌(原腦)이자 복뇌(腹腦)다. 두뇌를 활성화시키려면 모든 신경의 원산지인 원뇌를 정화시키고 활성화 시켜야 한다. 원뇌와 두뇌는 하나로 연결되어 있는 신경망이다. 원뇌가 본래의 기능을 회복하면 두뇌도 제 기능을 회복한다.

생식 기관은 정(精)이 거주하는 곳이다. 정(精)은 생명 에너지를 유지시키는 물과 같다. 아래를 밝게 지키라는 가르침의 이유는 이곳이 밝아야 몸과 마음이 밝아지기 때문이다.

> 너희 무리들은 미혹에 빠져, 세 가지 망상에 뿌리를 내렸으니, 이는 심(心), 기(氣), 신(身)이니라. 심(心)은 성(性)에 의지하나 선과 악이 생기고, 선하면 복을 받고 악하면 화를 받느니라. 기(氣)는 명(命)에 의지하나, 맑음과 탁함이 있고, 맑으면 장수하고 탁하면 단명하게 되느니라. 신(身)은 정(精)에 의지하나, 후함과 박함이 있고, 후하면 귀하게 되고 박하면 천하게 되느니라.

세 가지 망상이란 바로 삼망(三妄)을 말한다. 한 번 더 강조하지만, 삼망은 세 가지 진리인 삼진과 대치되는 개념이다. 삼망의 심·기·신은 진리를 보지 못하는 어둠에 갇힌 마음, 혼탁한 기에 싸인 생명 에너지인 기운, 그리고 허망하게 사그라지는 몸이다.

어둠에 갇힌 마음은 분별이 있는 마음이다. 선과 악에 대한 분별 정도에 따라 대가를 받아야 하는 마음이다. 혼탁한 기에 싸여 순수하지 못한 생명 에너지는 그 작용에 따라 청탁의 정도가 달라진다. 기운을 맑게 운영하면 장수하고 기운을 탁하게 운영하면 요절하게 된다. 썩어서 없어질 몸은 그 관리의 정도에 따라 후함과 박함이 있게 된다. 후함은 조화와 균형이 이뤄진 상태이고, 박함은 조화와 균형이 무너진 상태다. 따라서 몸을 잘 관리하면 귀하게 보이고 그렇지 못하면 천하게 보일 뿐이다.

> 삼진과 삼망이 서로 상대하면서 세 갈래 길을 만드는데, 이는 감(感), 식(息), 족(觸)이고, 이것들이 서로 굴러 열여덟 경계를 이루느니라.

성·명·정과 심·기·신이 서로 교류 작용 하여 삼도(三途)를 만드는데, 세 가지 길이 감·식·촉이다. 감은 마음으로 느끼는 감정이고, 식은 호흡으로 느끼는 감정이며, 촉은 감각으로 느끼는 감정이다.

성은 마음을 창조하는 근원자리이고, 명은 기를 창조하는 근원자리이며, 정은 몸을 창조하는 근원자리이다. 이것은 존재의 뿌리이다.

현상에서 작용하는 존재를 심·기·신이라고 부른다. 심은 뿌리인 성에 의지하고, 기는 뿌리인 명에 의지하며, 신은 뿌리인 정에 의지한다.

인간에게는 삼진의 성·명·정과 삼망의 심·기·신이 완전히 분리되어 작용되는 것이 아니다. 우리의 몸과 마음속에는 삼진과 삼망이 함께 존재한다. 달리 표현하면, 우리가 진짜 나라고 믿고 있는 심·기·신의 가짜(假我) 나 속에 우리의 진짜 나인 성·명·정, 즉 진아(眞我)가 존재하고 있는 것이다. 이렇게 삼망이 삼진 속에 들어와 있기 때문에 사람은 원래의 청청한 기능을 상실하고, 차원이 낮은 육체적 기능이 가져다주는 감정(感), 호흡(息), 접촉(觸)을 영위하고 있다.

감정은 기쁨, 두려움, 슬픔, 분노, 탐욕, 혐오이고, 호흡은 향기로운 냄새의 것, 썩은 냄새의 것, 차가운 것, 따뜻한 것, 마른 것, 습한 것이 있으며, 접촉은 소리 나는 것, 색깔을 보이는 것, 냄새를 풍기는 것, 맛을 내는 것, 음란한 짓을 하는 것, 저속한 짓을 하는 것이 있는데, 이러한 18가지 경계가 선과 악, 청과 탁, 후와 박이 서로 엉키고 뒹굴어서 멋대로 날뛰다가 태어나고 성장하고 노쇠해지고 병들고 죽어가는 고통의 경계에 떨어지느니라.

심(心)은 감정과 대응하고, 기(氣)는 호흡과 대응하고, 신(身)은 접촉과 대응한다. 심은 감정에 따라 발현되고, 기는 호흡에 의존하여 기운으로 발현하며, 신은 접촉 대상에 따라 감각으로 발현한다. 감(感)은 마음으로 느끼는 것인데 희·구·애·노·탐·염(喜懼哀怒貪厭)이다. 즉 기쁨, 두려움, 슬픔, 분노, 탐욕, 혐오의 6가지로 표현된다.

유교에서의 감정은 희·노·애·락·애·오·욕(喜·怒·哀·樂·愛·惡·欲), 즉 기쁨, 성냄, 슬픔, 즐거움, 사랑함, 증오함, 욕심냄의 칠정(七情)으로 표현된다.

불교에서의 감정은 희·노·우·구·애·증·욕(喜·怒·憂·懼·愛·憎·欲), 즉 기쁨, 성냄, 근심, 두려움, 사랑함, 미워함, 욕심냄의 칠기(七氣)로 표현된다.

유교의 칠정(七情)과 불교의 칠기(七氣)는 중간에 있는 '애락'(哀樂)과 '우구'(憂懼)가 다르고 나머지는 같다. 애는 슬픔을 말하고, 낙은 즐거움을 말하며, 우는 근심을 말하고, 구는 두려움을 말한다.

식(息)은 호흡을 통해 느끼는 것을 말하는데, 호흡의 기(氣)가 머무는 환경과 상태는 분·난·한·열·진·습(芬·爛·寒·熱·震·濕)이 있다. 즉 분은 향기로운 것, 난은 문드러져 썩은 내가 나는 것, 한은 차가운 것, 열은 뜨거운 것, 진은 마른 것, 습은 물기를 머금은 것이다.

기는 호흡을 통해 들어가고 호흡을 통해 나간다. 기는 마음(생각, 의식)과 함께 움직인다. 기를 고르게 조율하기 위해서는 마음을 호흡과 하나로 일치시키는 것이 중요하다. 호흡과 마음이 하나가 되어 안정되기 시작하면 거친 호흡은 미세한 호흡으로 변한다. 마침내 생각과 기가 멈춘 상태인 극도로 미세한 호흡이 되어, 이는 거의 호흡이 멈춘 상태가 된다.

촉(觸)은 몸의 다양한 감각을 통해 느끼는 것인데, 성·색·취·미·음·저(聲·色·臭·味·淫·抵)가 있다. 접촉은 육체적 감각 대상으로 이해할 수 있다. 즉 접촉 대상을 소리, 색깔, 냄새, 맛, 음란, 저속의 6가지로 나눈다. 귀로 소리를 듣고, 눈으로 색깔을 보고, 코로 냄새를 맡고, 혀로 맛보고, 음은 생식기로 남녀관계를 느끼고, 저는 피부로 느끼는 것을 말한다. 이것은 모두 감각이다.

이렇게 6가지로 나누어진 감정, 호흡, 접촉이 이합집산한다. 거기에다 선악, 청탁, 후박이 서로 뒤섞여서 복잡하고 다양한 상태를 나타낸다.

밝게 하여라. 허망한 감정을 그치고, 호흡을 고르게 하고, 감각적인 접촉을 금하여 한 뜻이 되도록 행하면, 삼망을 돌이켜 삼진에 이르게 되고, 하느님의 무한한 권능의 기틀을 발현시킬 수 있느니라. 이것이 바로 본성(本性)을 회복하는 일대 사업을 완성하는 길이니라.

『삼일신고』는 인간이 본성(本性)에 돌아가고 본심(本心)을 회복하고 복본(復本)의 길로 들어갈 수 있도록 인도하기 위해 세 가지 방법을 제시한다. 그것은 지감(止感), 조식(調息), 그리고 금촉(禁觸)이다.

지감을 통해 기쁨, 두려움, 슬픔, 분노, 탐욕, 혐오의 6가지 감정이 날뛰지 못하게 한다. 조식을 통해 마음이 쉴 수 있는 환경을 안락하고 평정하게 고르는 작업을 한다. 금촉을 통해 소리, 색깔, 냄새, 맛, 음란, 저속의 6가지 접촉 대상을 통제한다.

이렇게 하여 몸과 마음이 정화되면, 우리 안에 구비된 삼진이 깨어나 스스로 발현할 수 있다. 비록 삼망이 인간을 고통 속에 살게 하는 원인이지만, 그것을 정화시키는 과정을 통하여 우리가 본성을 깨닫고 본심을 향해 진입할 수 있기 때문에, 삼망은 삼진을 향해 수행하는 관문의 역할을 한다.

『삼일신고』가 가르쳐주는 복본의 길은 오랜 세월이 흐른 후에 석가와 예수에 의해 다시 부활한 것 같은 생각이 든다. 석가는 중생들이 분별과 집착을 끊지 않고서는 세상을 바로 볼 수 없다면서 무아(無我)를 강조했다. 석가는 중생들이 색·수·상·행·식(色·受·想·行·識)의 오온(五蘊)에 시달리는 현상을 보고 내가 진짜가 아니고 가짜라는 것을 깨닫고, 기존의 나를 버리고 진정한 나를 찾아 나서라고 강조했다.

예수는 하느님의 얼인 영성을 실천하기 위해 현생의 모든 인간적 삶을 희생하는 일생을 보냈다.

예수가 펼친 보편적 교회인 가톨릭 성당의 사제와 수녀는 독신을 생활화하고, 석가가 펼친 시원 불교의 승려들이 독신을 고수하고 있는 교리적 관습이 이를 증명한다.

인간에게 본래부터 내재된 하늘 생명을 회복하고 밝은 지혜인 광명의 작용을 완수하는 길이 바로 『삼일신고』가 강조하는 성통공완(性通功完)의 길이다.

『참전계경』은 무엇인가?

도를 닦고 도를 이루는 과정을 잘못 생각하면 인생의 모든 것을 버리고 오로지 도만 찾는 것으로 인지하기 쉽다. 그러나 그러한 것은 도를 이룰 수 있는 과정이 될 수 없다. 왜냐하면 도라는 것은 몸, 마음, 삶, 생활, 그리고 믿음과 실행이 하나로 이뤄져야 비로소 온전히 깨달을 수 있기 때문이다.

진리에 이르는 길은 무슨 거창한 수도(修道)에만 있는 것이 아니다. 자신이 할 수 있는 아주 작은 것에서부터 시작하는 것이 올바른 방법이다. 아주 작은 것에서 시작해서 좀 더 큰 것으로 나아가는 과정의 결과다. 이렇게 해서 마침내 진리라는 큰 문을 열고 들어갈 수 있는 것이다. 노자는 이렇게 말씀한다.

"천하의 어려운 일은 반드시 쉬운 일에서 시작하고, 천하의 큰일은 반드시 작은 일에서 시작한다."

『참전계경』은 소소한 일상의 도리를 통해 하늘의 도에 이르는 길을 가르쳐주고 있다. 『참전계경』은 인간이 올바르게 살아가는 구체적 방법을 제시한다. 인간이 삶의 생활 속에서 지켜야 할 도덕윤리를 366사(事)로 간명하게 설명한다. 『참전계경』은 인간 366사(事)를 크게 8개의 강령으로 구성해서 알려준다.

8강령은 성·신·애·제·화·복·보·응(誠·信·愛·濟·禍·福·報·應)이다. 고조선의 초대 단군은 8강령(綱領)을 인간사의 삶의 지침으로 가르쳤다. 공자는 8교조(敎條)를 인간사의 삶의 지침으로 제시했다. 석가는 8정도(正道)를 인간사의 삶의 지침으로 설법했다. 예수는 8복음(福音)을 인간사의 삶의 지침으로 선포했다. 8교조, 8정도, 8복음은 비록 표현이 다르고 시대정신의 발로가 다르지만, 내용은 고조선 단군의 8강령을 벗어나지 않는다.

8강령 중에서 앞부분에 나오는 성·신·애·제의 4강령은 아주 중요한 명제다.

제1강령 성(誠)은 정성이다.

정성이란 참마음인 본심에서 우러나오는 것이다. 정성은 6가지 체(體-근본)가 있고, 그 체에서 나온 용(用-작용)이 수십 가지나 있다. 여기에서는 근본인 6가지 체(六體)에 대하여 알아보자. 6가지 체(體)는 아래와 같다.

1. 경신(敬神) : 정성으로 무형의 하느님을 공경해야 한다.
2. 정심(正心) : 정성으로 바른 마음을 가져야 한다.
3. 불망(不忘) : 정성으로 지극히 잊지 않는 마음을 가져야 한다.

4. 불식(不息) : 정성으로 지극히 쉬지 않는 마음을 가져야 한다.

5. 지감(至感) : 정성으로 지극히 받들어 하느님을 감동시켜야 한다.

6. 대효(大孝) : 정성으로 지극한 효를 실천하여 하느님을 감동시켜야 한다.

참마음인 본심은 바른 마음이다. 바른 마음이란 하늘마음이다. 인간의 몸에는 아홉 구멍이 있다. 눈, 귀, 코, 입, 요도, 항문의 아홉 구멍으로 인간은 생존하고 번식하고 소통하고 생명 활동을 한다. 이 아홉 개의 구멍을 어떻게 관리하느냐가 복본에 이르는 관건이다. 관리를 잘못하면 어떻게 되는 것인지 『참전계경』은 195사(事)에서 이렇게 말한다.

물욕이 영을 가리면 구멍이 막힌다. 아홉 구멍이 다 막히면 금수와 같아진다. 오직 먹을 것을 빼앗는 욕심만 남고, 예의가 없어지고 염치도 없어진다.

욕심이 들끓는 불안한 상태에서는 하늘의 마음을 가질 수 없다. 인간의 아홉 구멍을 청정하게 관리해야 본심이 서서히 드러나기 시작한다. 본심이 드러나면 어느 순간 신령한 하늘마음이 홀연히 솟아나고 태양 같은 지혜와 광명이 미혹의 안개를 깨끗이 걷어낸다.

제2강령 신(信)은 믿음이다. 믿음이란 하늘의 이치를 믿고, 그 이치에 합당하는 행동을 실천하여, 모든 일을 올바르게 이루는 것을 말한다. 믿음은 도리에 맞아야 한다. 단순히 그냥 믿는 것이 아니다. 도리에 맞으려면 먼저 하늘의 이치를 알아야 한다. 한 치도 어긋남이 없이 순환하는 자연의 이치를 알아야 한다.

자연은 남을 탓하지 않는다. 인간도 남을 탓하지 않는 인간이 되어야 한다. 길흉과 성패는 남을 탓할 일이 아니다. 비록 흉한 일을 당해도 남을 원망하지 않으며, 비록 실패해도 남을 탓하지 않아야 한다. 남을 탓하지 않는 사람은 하늘의 이치를 아는 의로운 사람이다. 하늘의 도를 깨달아 자기중심이 바로 서 있는 사람이기 때문이다.

자연은 충성한다. 충성은 일방향이 아니다. 자연의 충성은 쌍방향이다. 자연은 모든 존재에게 충성한다. 충성은 하늘의 이치를 땅에 구현하는 방법이다. 자연은 충성을 하되 생색을 내지 않는다. 노자의 말씀대로 자연은 함이 없이 함을 실천한다. 공자의 말씀대로 자연은 인(仁)의 마음과 충서(忠恕)의 마음으로 작용한다. 석가의 말씀대로 자연은 가엾게 여기는 자비(慈悲)의 마음으로 작용한다. 예수의 말씀대로 자연은 모든 것을 감싸는 사랑의 마음으로 작용한다. 이것이 바로 충성이기 때문이다.

제3강령 애(愛)는 인(仁)의 본질이다.

인은 사람과 사람의 관계에서 일어나는 본성을 말해준다. 사랑의 시작은 관계이고, 관계의 시작은 용서다. '원수를 사랑하라'는 예수의 말씀은 바꿔 말하면 '원수를 용서하라'는 말씀이다. 용서는 바로 공자가 말씀한 충서(忠恕)의 발로다. 용서하는 마음은 그대로 순수하게 작용하여 일부러 드러내지 않아도 되는 도의 경지를 말한다.

용서는 남을 나 자신처럼 헤아리는 행위다. 용서는 내가 춥고 내가 더우면 남도 춥고 남도 덥고, 내가 굶주리면 남도 굶주리며, 내가 견딜 수 없으면 남도 견딜 수 없다고 생각한다. 내가 나를 진정으로 사랑한다면, 남을 내 몸같이 사랑해야 용서가 가능하다.

사랑은 포용이다. 포용이란 만사만물을 품어 안는 것이다. 천리를 가는 강에는 천 리의 물이 흐르고, 천길 높이의 산에는 천길 높이의 흙이 쌓여 있다. 강물이 넘치는 것은 포용이 아니고, 산의 흙이 무너지는 것은 포용이 아니다.

포용은 사랑의 제2법칙이라 할 수 있다. 강물이 넘치면 자연에 손해를 입히고, 산이 무너지면 자연에 재해를 준다. 이것은 무자비한 포용이다. 그러므로 포용이란 낮은 곳으로 임하며 말없이 흐르는 강물처럼 생육하는 물길이 되어야 하고, 만물을 껴안으며 큰 숲을 만드는 산이 되어야 한다.

베풂은 사랑의 제3법칙이라 할 수 있다. 베풂에는 두 가지 유형이 있다. 하나는 물질적인 베풂이고, 하나는 정신적인 베풂이다. 궁핍한 사람에게 필요한 물건을 주거나 돈을 제공하는 것은 재물로 구휼하는 물질적 베풂이다. 삶의 도리나 하늘의 이치를 모르는 어리석은 사람에게 본성의 이치를 깨우쳐주는 것은 덕행으로 구휼하는 정신적 베풂이다.

석가는 남에게 베푸는 보시(布施)를 재시(財施)와 법시(法施)로 나누어 말씀했다. 재시는 재물로 보시하는 것이고, 법시는 정신적 가르침으로 보시하는 것이다. 두 가지 보시 중에서 석가는 법시를 더 중시했다. 그것은 일시적인 도움을 주는 것이 아니라, 근본적이고 없어지지 않는 영원한 복덕을 주는 것이기 때문이다.

때문에 성인은 어리석은 사람과 나쁜 사람을 구제하려 다녔다.

성인은 어리석은 사람과 나쁜 사람을 구원하려 온갖 노력을 기울였다. 어리석은 사람과 나쁜 사람을 구제해야 어두운 세상이 밝은 세상으로 바뀌기 때문이다. 예수는 이렇게 말씀했다.

> "나는 의인을 불러 회개시키러 온 것이 아니라, 죄인들을 불러 회개시키러 왔다."
>
> — 누가복음5:32

교화(敎化)는 사랑의 제4법칙이라 할 수 있다. 『참전계경』 제121사에서는 이렇게 말한다.

> 교화로 사람을 가르치는 것을 화육이라 한다. 사람은 일정한 가르침이 없으면 그물에 줄을 달지 않은 것과 같고, 옷에 옷깃을 달지 않은 것과 같아서, 각자 주장을 내세워 매우 혼란스러워진다. 그러므로 하나의 주된 가르침을 근본으로 삼아 사람들을 안정시키고 육성해야 한다.

고조선 시대에는 초대 단군의 홍익인간, 제세이화, 성통광명 사상이 주된 가르침이었다. 널리 인간과 세상을 이롭게 하기 위해 인간과 세상에 하늘의 도를 가르쳐 교화시키고, 인간의 본성을 깨우쳐 지혜의 원천인 광명을 찾도록 하는 것이 가장 큰 사명이었다. 단군의 주된 가르침을 근본으로 삼았기 때문에 사람들은 안정되고 안락하며 평안하고 평화스런 사회를 유지할 수 있었다.

그러나 현대사회에는 주된 가르침이 없어졌다. 현대사회에는 각종 종교의 각종 사상이 넘쳐나고 있다. 종교마다 천국과 극락에 이르는 길을 복잡하게 가르치고 서로 다르게 가르치고 있다. 진리는 하나인데 진리를 구하는 길은 하나가 아닌 것이다. 진리를 구하는 길이 원래는 하나였는데, 그 길이 여러 가지로 분화되고 여러 가지로 형식화된 것이다.

종교마다 새로운 종파가 무수히 생기고, 종파마다 종파 관리자의 이익과 목적을 챙기기 위해 진리의 본질에서 멀어진 것이다. 진리는 보이지 않고 진리를 차지하겠다는 무수한 방법만 각양각색으로 나타났다. 현대사회에서 삶을 영위하고 있는 인간은 진리의 본질을 찾기가 매우 힘들어졌다.

인간이 신앙해야 할 유일한 종교는 종교가 아니라 바로 진리다. 진리의 말씀대로 삶을 영위하는 것이 진실한 삶이다. 진실한 삶을 살지 않는 사람은 어느 종교를 믿어도 종교가 없는 것과 같다.

교육은 사랑의 제5법칙이라 할 수 있다. 『참전계경』 제130사에서는 이렇게 말한다.

> 교육은 사람을 가르쳐 도리와 윤리를 배우게 하는 것이다. 사람은 가르침이 있어야 모든 것을 체득할 수 있고, 가르침이 없으면 아무리 좋은 목수라도 금을 긋는 먹줄이 없는 것과 같다.

교육이 교화와 다른 점은, 교화가 주로 하늘의 도인 변하지 않는 진리와 도리에 중점을 둔다면, 교육은 시대적 인간사에 필요한 윤리에 중점을 두고 있다는 점이다. 고대의 학문은 주로 변하지 않는 하늘의 도에 중점을 두고 가르쳤고, 또 시대의 변화에 따라 달라질 수밖에 없는 인간사의 윤리에 대해서는 부수적으로 가르쳤다.

마지막으로 인내는 사랑의 제6법칙이라 할 수 있다. 아마 사랑의 모든 부문 중에서 기다림이 가장 큰 부문일지도 모른다. 우주 본심의 사랑은 무궁하고 무한하다. 우주의 본심은 인내심이다. 사랑에는 인내심이 필요하다. 사랑의 씨앗을 심고 그것이 발아할 때까지 지키고 기다릴 줄 알아야 한다. 또 잘 돌봐주고 보살피고 키워줄 줄 알아야 한다. 인내할 줄 모르는 사랑은 사랑이라고 말할 수 없는 것이다.

제4강령 제(濟)는 구제이다.

구제는 도가 갖추어진 선이고, 덕에 의지하여 미치는 열매다. 구제는 하늘의 도가 땅에서 선행으로 드러나는 구체적 결과다. 하늘의 도를 진리 그 자체라고 한다면, 덕은 그 진리의 쓰임인 작용이다. 따라서 구제는 도덕적인 자선이라는 뜻을 가진다. 구제는 하늘의 이치와 도리에 어울리는 쓰임이라 할 수 있다. 도리에 맞게 구제를 하기 위해서는 4가지 요소를 이해할 필요가 있다. 그것은 시간, 공간, 순서, 슬기다. 이것을 구제의 4규(規)라고 한다.

무엇보다 먼저 시간이 중요하다. 때에 맞는 도움을 주는 것이 아주 중요하다. 사람이 죽은 후의 약 처방이 아무 소용없는 것과 같다. 가장 필요할 때 도움이 제공되어야 최적의 효과를 볼 수 있다. 천도(天道)와 인도(人道)를 살펴 구제의 시기를 파악해야 한다. 변화의 출발점을 잘 살펴봐야 한다. 변화가 막 일어나려고 할 때를 포착해서 도움을 주는 것이 핵심이다. 농경사회에서는 농사가 경제의 기본이기 때문에 계절의 변화를 잘 파악하지 못해 실기를 하면, 그해 농사를 망치게 된다.

　시간 다음으로 중요한 것은 공간이다. 공간은 지리의 특성을 헤아리는 것이 핵심이다. 지리의 특성이 사람의 성향과 일의 흐름을 좌우하기 때문이다. 아무리 능력 있는 사람이라도 자신의 능력을 발휘하지 못하는 위치에 존재한다면 아무 소용이 없다.

　땅의 성질이 너무 부드러운 모래 같으면 사람의 마음도 변덕스러워진다. 반면에 땅의 성질이 너무 딱딱한 돌멩이 같으면 사람의 기질도 모질고 거칠어진다. 먼저 땅을 기름지게 바꿔줄 필요가 있다. 땅이 기름지게 되면 사람의 마음도 순박하고 조화로워질 수 있다.

　시간과 공간이 구비되었다면 그 다음은 순서가 중요하다. 구제를 행할 때는 형세를 살피고 적정한 양을 먼저 정하고 순서와 차례에 맞게 시행해야 한다.

　구제 행사에는 반드시 선후가 있다. 위급한 것을 먼저 구제한다. 경중을 따져 중한 것을 먼저 구제하고 가벼운 것을 나중에 구제한다. 다수와 소수를 가려서 다수의 곤란을 먼저 구제한다.

　마지막으로 시간과 공간과 순서를 제대로 합당하게 쓸 수 있는 것이 바로 슬기다. 슬기를 얻기 위해 먼저 지식을 통달해서 사물의 이치를 파악해야 한다. 그런 다음 명확한 판단을 할 수 있는 능력을 확보해야 한다. 여기에 하늘을 감동시키는 인덕을 함양하여 슬기를 완성해야 한다.

　도덕을 완성한 성인은 세상을 구제할 수 있다. 성인은 인간의 어리석음을 스스로 깨우쳐서 세상을 바로 세우고자 하는 사람이기 때문이다.

　『참전계경』 제178사에서는 이렇게 설명하고 있다.

스스로 자신을 구제하면 완전하고, 남이 구제하면 엉성하게 된다. 스스로 구제하면 때에 맞고, 남이 구제하면 지체하게 된다. 완전하고 때에 맞는 것은 나에게 달려 있고, 엉성하고 지체되는 것은 타인에게 달려 있다. 그러므로 남이 구제하기를 바라는 사람은 미개한 것이고, 스스로 구제하려는 사람은 개명한 것이다. 미개한 것을 버리고 개명한 것으로 나가면, 구제의 슬기가 완성된다.

구제는 남이 하는 것보다 스스로 하는 것이 더 나은 것이다. 사람이 밝은 개명으로 나아가기 위해서는 스스로 자신의 뜻을 바로 세워야 한다.

『참전계경』 제179사에서는 이렇게 설명하고 있다.

근본을 세우는 것은 뜻의 근본을 세우는 것이다. 슬기의 근본은 뜻이다. 뜻을 지닌 슬기는 구제할 수 있고, 뜻을 잃은 슬기는 구제할 수 없다. 스스로 자신을 구제하는 슬기가 없으면, 남을 구제하는 슬기도 부족하다.

공자는 스스로 자신을 갈고닦아 아래와 같은 경험을 후대에 남겼다.

15세에 학문에 관해 뜻을 세우고(而志), 30세에 학문에 관한 뜻을 이뤄 자립하고(而立), 40세에 마음의 중심이 변하지 않는 불혹을 이루고(而不惑), 50세에 하늘이 준 사명을 깨닫고 지혜를 얻어 지천명하고(而知天命), 60세에 무슨 말을 들어도 귀에 거슬림이 없는 이순을 이루고(而耳順), 70세에 마음대로 일을 해도 법도에 어긋남이 없는 종심을 이루었다(而從心).

　사람은 먼저 자신의 밝은 광명을 스스로 구하고 난 후라야, 그 밝은 지혜로 타인을 밝은 광명으로 이끌어낼 수 있는 여력이 생겨 다른 사람을 구제할 수 있는 것이다. 석가의 수행정신이 가르쳐주는 핵심 사상도 먼저 자기를 구제하고, 그런 후에 타인을 구제하라는 자리이타(自利利他) 정신인 것이다.

대한민국의 기본 이념은 민본사상이 바탕이다.
우리나라에서 '민본'과 '민국'이라는 사회 이념을
성숙시킨 것은 선비의 집단지식사고가 만든 결과이다.
선비와 선비정신은 대한민국의 성공비결이다.

민본 사상의 뿌리는 어디일까? 선비는 민본 사상의 뿌리를 맹자와 그의 스승 공자에게 돌린다. 성악설(性惡說)을 주장한 순자와 달리 맹자는 성선설(性善說)을 주장했다.

맹자는 왕이 모든 권력을 소유했던 고대사회에서 '백성이 가장 귀한 존재'임을 갈파한 학자이다. 그는 "백성이 가장 귀하고(民爲貴), 그 다음이 사직이고(社稷之次), 임금이 가장 가볍다(君爲輕)."라고 말했다. 백성은 나라를 구성하는 국민이다. 현대사회에서도 모든 '권력은 국민으로부터 나온다'라고 헌법에 규정하는 이유이기도 하다.

백성 다음으로 토지와 곡식은 무엇보다 중요하다. 고대사회에서 토지와 곡식은 경제의 근간을 상징한다. 맹자는 임금을 가장 가볍다고 말한다. 현대사회에서도 위정자는 가장 가벼운 존재라고 할 수 있다.

맹자는 최고 지도자인 임금이 인(仁)과 의(義)를 멀리하여 백성의 지지를 얻지 못할 경우에는 지체 없이 임금을 바꿔버릴 수 있다고 주장하여 역성혁명을 인정한 학자이다. 맹자의 민본사상의 뿌리는 공자에게서 비롯된다. 공자는 위정(爲政)의 세 가지 목표를 말하면서 "백성의 믿음을 얻는 것이(民信) 정치에서 첫 번째로 중요하고, 두 번째로 중요한 것이 경제의 안정이고(足食), 세 번째로 중요한 것이 국방(足兵)이다."라고 말씀했다.

공자와 맹자에서 비롯된 민본사상을 더욱 발전시켜 현실정치에 접목한 선비가 조선의 건국을 설계한 삼봉 정도전(1342-1398)이다. 조선왕조를 물리적 힘으로 세운 것은 이성계이지만, 정신적 힘으로 설계한 장본인은 정도전이다. 정도전의 저술에는 『조선경국전』, 『경제문감』, 『불씨잡변』, 『고려국사』 등이 있다. 정도전의 저서 중 『조선경국전』과 『경제문감』은 조선왕조의 권력 구조를 체계적으로 정리한 조선의 헌법 초안에 해당한다. 훗날 제9대 성종 왕 때 완성된 조선왕조 만세대계의 헌법인 『경국대전』의 모체가 됐다.

정도전이 구상한 권력 구조는 백성을 나라의 근본으로 생각하는 민본 정치를 구현해야 한다는 것이 가장 중요한 특징이다. 그 주요 내용은 다음과 같다.

- 왕위세습은 인정한다. 하지만 정치적 실제 권력은 능력을 검증받은 재상이 장악하도록 한다. 정치의 주도권을 신하들이 갖는 신권 정치(臣權政治)를 구현한다.

- 정치를 비판하고 옳은 정책을 건의하는 독립적 언관(言官)을 둔다.

- 백성들의 이해관계에 직접 영향을 미치는 지방 수령의 자질을 높이고, 수령을 감독하는 관찰사의 기능을 높인다.

- 문무(文武)를 평등하게 하여 국방을 강화한다.

- 중앙 행정의 골격인 육조(六曹 : 고려·조선 시대에 국가의 정무를 나누어 맡아 처리하던 중앙 관청으로, 이조·호조·예조·병조·형조·공조 등을 말함)의 기능을 횡적으로 전문화하여, 재상(宰相)은 정치의 대강(大綱 : 큰

인류정신문화 뿌리 선비사상 바로 알기

방향)을 장악하고, 관리는 중목(衆目 : 작은 실무)을 담당토록 하여 전문성과 합리성을 높인다.

- 토지제도는 경자유전(耕者有田)의 원칙에 따라 농민에게 재분배하여 민생이 안정되도록 한다.

정도전은 『고려국사』를 편찬하여 고려시대 정치의 장점과 단점을 비판하고, 과거사를 올바른 시각으로 정리하지 않고서는 미래를 열어갈 수 없다는 투철한 역사의식을 펼쳤다. 그가 편찬한 『고려국사』는 고려사를 편년체로 정리한 장점이 인정되어 훗날 제5대 문종 왕 때 『고려사절요』로 다시 태어났다.

정도전은 수도 한양의 도시 구조를 직접 설계하고, 경복궁의 각 전당(殿堂) 이름과 사대문의 이름을 직접 지었다. 그는 여진족이 함부로 드나들던 함경도 지방을 평정하여 조선의 영토로 완전히 편입시키고, 잃어버린 옛 요동 땅을 되찾아야 한다는 일념으로 독자적 진법(陣法)을 만들어 군사를 훈련시켰다. 군사 훈련을 강화하다가 명나라의 미움을 사서 압송을 요구당하기도 했지만, 명나라의 강압에 굴복하지 않는 강인한 신념으로 오로지 민본 사상의 확립을 위해 일관된 삶을 영위했던 선비이다.

고려 말 정도전은 9년간 유배 생활을 하는 동안 농민들과 가깝게 지내면서 그들의 어려운 생활상을 자신이 직접 체험했다. 그러면서 백성이 중심이 되는 나라를 건설해야겠다는 의중을 단단히 굳히게 되었다.

정도전은 왕은 백성을 대하기를 "부모가 갓난아기를 돌보듯이 해야 한다."라고 강조한다. 부모가 갓난아기를 돌볼 때 정성이 얼마나 지극한가를 생각해보면, 왕이 백성을 돌볼 때는 마치 부모가 갓난

아기를 돌보듯 지극한 정성으로 해야 한다는 생각이 민본 사상의 근저에 깔려 있는 것이다.

조선의 선비는 세계에서 가장 먼저 지식기반 사회를 구축하여 지식인 엘리트들이 협업하는 공동체를 만들었고, 백성을 왕 위에 두고자 신권 정치(臣權政治)를 구축하기 위해 심혈을 기울였던 지식인 집단이었다.

조선말기 26대 왕 고종은 조선의 국명을 '대한제국'으로 바꾸고 스스로 황제 칭호를 달았지만, 민심의 변화를 국정에 반영시키지 못하고, 약육강식의 변화무쌍한 국제 정세에 눈이 어두워 '대한제국'이 멸망되는 실정을 초래했다. 일제강점기 때 우리나라 선비 지식인들은 식민 지배에 조직적으로 항거하기 위해 1919년 4월 11일 '대한민국 임시정부'를 세웠고, 종전 후에는 미군정을 거쳐 1948년 8월 15일 '대한민국'이라는 근대 정부를 탄생시켰다. 대한민국의 기본 이념은 민본 사상이 바탕이다. 우리나라에서 '민본'과 '민국'이라는 사회 이념을 성숙시킨 것은 선비의 집단 사고가 만들어낸 결과이다.

선비와 선비 정신은 대한민국의 성공 비밀이다. 자유·민주주의를 선택한 대한민국과 달리 공산·사회주의를 선택한 북한에서는 선비와 선비 정신이 살아남을 수 없었다. 일본의 군국주의 시절 대한제국을 침탈한 일본이 식민교육을 통하여 선비를 매도하고 선비 정신을 말살시켰듯이, 북한에서는 공산·사회주의 독재정권 수립 이후 우리나라의 위대한 전통 정신문화를 계승한 선비와 선비 정신을 궤멸시키기 위해 일제와 똑같은 방식의 우민화 교육을 진행했기 때문이다. 선비는 군국주의, 전체주의, 공산주의, 사회주의와 공존할 수 없는 존재이다.

한반도의 남쪽에서는 대한민국 정부 수립 이후에도 집권층이 독재정치를 하거나 부정선거를 시도할 때는 독재정치와 부정선거에 반발하는 집단 항거가 일어날 수 있었다. 이는 민본 사상이 골수에까지 체득된 선비와 선비 정신이 살아 있었기 때문에 가능했다.

한반도의 북쪽에서는 북한의 공산·사회주의 집권자가 혹독한 인민 탄압을 하고 포악한 공포정치를 하여 반대파를 무자비하게 숙청시켰다. 부정부패가 창궐하여 권력자만 잘살고 대다수 인민이 못 사는 '고난의 행군' 시절에 3백만 명이 굶어 죽는 처참한 사태가 일어나도, 아무런 항거나 의거가 일어나지 않았다. 심지어 정치권력을 세습화하여 김 씨(김일성, 김정일, 김정은 3대 세습) 가문이 최고 권력을 향유하는 왕정복고를 해도, 반항하거나 반대 시위를 할 수 있는 거의소청 정신이 형성되지 못했다. 북한의 공산·사회주의 독재정권은 목숨을 걸고 옳음을 선택하는 선비 정신을 말살시켰을 뿐만 아니라, 전체 인민을 공산·사회주의 사상 교육으로 우민화시켜, 거짓 선전·선동으로 우상화된 수령만 받들 수 있도록 인민을 세뇌했기 때문이다.

선비와 선비 정신의 실종은 북한이 실패한 근본 원인이다. 북한은 폐쇄적 정치와 억압적 지배구조 방식에서 탈피하여 국가의 기본 요소인 인민을 위해 개방·개혁의 변화를 꾀하지 않으면 국제사회의 고아 위치에서 영원히 벗어날 수 없다. 북한은 인민의 경제적 풍요와 사람답고 인간다운 삶을 보장하기 위해 자유민주주의 정체와 시장경제 체제를 도입하는 것이 급선무이다. 그러기 위해서는 실종된 선비 사상을 확립하고, 선비 정신을 함양하는 민본 사상 교육이 무엇보다 필요한 시점이다.

선비는 무엇이 옳고 무엇이 그른가를 판단할 때
도덕 차원의 판단을 한다.
선비는 도덕 차원에서 옳고 그름을 판단하여
그것을 몸으로 실천하는 사람이다.

　선비는 열등감보다 자존감이 매우 높은 지식인이고 문화인이며
행동하는 모범인이다. 선비는 선비 정신으로 무장한 사상가이다.
선비 정신의 바탕은 인성과 도덕성이다. 선비는 도덕적 사상가라고
정의할 수 있다.

　사상(思想)이라는 단어는 인간이 생활하면서 지니게 되는 가치관
을 총칭해서 부르는 역동적인 개념이다. 이 개념은 포괄하는 법위
가 광범위하기 때문에 시간적·공간적·범주적인 한정어를 덧붙여 구
체화하는 경우가 흔하다. 예를 들면 한국 사상이라고 하면 한국이
라는 공간 안에서 생겨난 사상이라는 뜻이 있고, 한국 국민이 역사
적으로 오랫동안 형성해 온 사상이라는 뜻이 담겨 있으며, 한국의
철학·종교·정치·사회·경제·문화 등 제 범주를 포괄하는 사상이라는
뜻도 함축되어 있는 것이다.

　사상(思想)이라는 단어는 고대사회로부터 오랫동안 사용되어왔
다. 그러나 사상과 비슷한 의미를 가진 이념(理念)이라는 단어는 한
참 후에 태어났다. 이념이라는 단어는 인간이 생활하면서 파악할
수 있는 최고의 관념을 뜻한다. 협의로는 인간이 어떤 것을 이상적
으로 느끼거나 추구하는 가치와 준수할 규범 같은 것을 의미하기

도 한다.

하지만 시대와 학자에 따라 이념에 대한 개념이 조금씩 다르게 정의되어왔다. 예를 들어 플라톤은 존재자의 원형을 이루는 실재를 '이데아'로 보았고, 데카르트는 심리적 의식 내용을 가리키기 위해 '이데아'라는 용어를 사용하여 관념을 의미했다. 칸트는 형이상학의 대상인 영혼·세계·신의 3가지 순수이성의 개념을 이념이라고 불렀고, 헤겔은 자신을 변증법적으로 전개하는 정신적·절대적 실재를 이념으로 파악했던 것이다. 일반적으로 우리가 이념이라고 부르는 단어에는 이론적 의미가 강하다. 하지만 오늘날 우리가 사상이라는 단어를 사용할 때 느끼는 개념은 상식적·보편적 의미가 강한 것이 사실이다.

사상가란 사상을 지니고 있는 사람으로서 자신의 사상을 주위에 전파하기 위해, 또는 자신이 공감하고 있는 사상을 보존하고 지키기 위해 이론과 논리를 제공하거나, 학습을 유도하고 촉진시키는 적극적이고 능동적인 지식인을 말한다. 이런 의미에서 진정한 의미의 선비는 도덕적 사상가라는 정의가 성립된다.

사상은 개인 차원에서는 개인 삶의 행동 기준이 되고, 국가 차원에서는 국가 운영의 핵심 원리와 국가 정책의 근본 바탕이 된다. 따라서 개인 사상이 중요한 것은 사실이지만, 국가 사상이 개인 사상보다 더 중요한 의미를 가진다. 설사 사상이 무엇인지도 모르고 아무런 사상이 없는 개인일지라도, 그 사람이 살고 있는 시민사회·국가사회가 가지고 있는 국가 사상이 그 개인을 예외로 두지 않고 사정없이 지배할 수 있기 때문이다. 그렇기 때문에 자유민주사회에서는 개인의 가치 판단과 국가의 가치 판단은 매우 중요하다.

한 국가의 가치 판단은 그 나라에 속해 있는 구성원 개인의 집합 판단이라 할 수 있다. 그러므로 결국 국민 개개인의 가치 판단은 국가 판단의 궁극적 책임이 되어 돌아오는 것이다.

가치는 판단에 의한 것이다. 사람의 가치 판단은 3가지 차원에 의해 다르게 이루어진다.

첫 번째는 개인 차원에서 판단한다.

공적 판단이 아닌 사적 판단이다. 그 사람의 호불호 차원에서 판단한다. 나를 중심으로 '좋다', '싫다'로 판단한다. 일원론 판단이다. 개인의 사적 호불호는 언제나 변할 수 있다. 시간과 공간, 상황에 따라서, 그리고 개인감정의 변화에 따라서 달라질 수 있다.

두 번째는 상대 차원에서 판단한다.

상대적 비교 차원에서 판단한다. 이때는 대상이 중심이 된다. 비교해서 '낫다', '못하다' 또는 '유리하다', '불리하다'로 판단한다. 이원론 판단이다. 이원론 판단은 비교 분석이 잣대다. 비교 분석의 잣대는 가정이고 가변이다. 따라서 판단도 가정이고 가변이다. 비교가 잘못되고 분석이 잘못되면, 그 결과 판단도 잘못될 수 있기 때문이다.

세 번째는 도덕 차원에서 판단한다.

도덕 차원의 판단은 하늘이 인간에게 준 양심이 잣대가 된다. 인간의 본성인 도덕적 양심이 '옳다', '그르다'를 판단한다. 양심은 절대적 기준이고, 전체적 기준이다. 도덕적 양심은 변수가 없고 변화도 없다. 다원론 판단이다. 다원론 판단은 우주적 판단이고, 우주적 판단의 기준은 하나밖에 없다. 하나이기 때문에 변화가 없고 공정하며 평등적이고 절대적이다.

선비는 무엇이 옳고 무엇이 그른가를 판단할 때 도덕 차원의 판단을 한다. 선비는 도덕 차원에서 옳고 그름을 판단하여 그것을 몸으로 실천하는 사람이다. 선비는 거짓 흉내 내는 사람이 아니라, 몸소 행동하여 솔선수범하는 사람이다.

선비가 이루어내는 선비의 삶은 개인적 차원의 삶과 사회적 차원의 삶으로 구성되어 있다. 사람답게 사는 삶은 개인적 차원의 삶이고, 인간답게 사는 삶은 사회적 차원의 삶이다. 개인 인격의 완성은 사람답게 살기 위한 것이고, 사회 인격의 완성은 인간답게 살기 위한 것이다.

신도 수로 본 세계 7대 종교

자료: 유네스코

이슬람교 : 14억 명(수니파 10억 명, 시아파 3억 명, 기타 소수파 1억 명)

가톨릭교 : 12억 명

힌두교 : 10억 명

개신교 : 4억 명

불교 : 4억 명

동방정교 : 3억 명

성공회교 : 2억 명

(주 : 가톨릭교 12억+개신교 4억+동방정교 3억+성공회교 2억=범기독교 합계 21억 명)

7대 종교 중에서 이슬람교, 힌두교, 불교를 제외한 가톨릭교, 개신교, 동방정교, 성공회교 등은 예수를 메시아로 인정하는 범기독교(예수교)로 맥락을 같이하고 있다.

힌두교, 불교

동양에서 발생하여 신도 수로 볼 때 세계 5대 종교의 대열에 들어가 있는 힌두교와 불교에 대하여 먼저 살펴보기로 하자.

힌두와 인도는 어원을 같이한다. 따라서 인도의 전통 종교는 힌두교다.

힌두교는 아리안족이 가져온 바라문교와 융합하여 유구한 역사와 전통을 지니고 있다.

13억 인도 인구의 8할 정도가 힌두교 신자들이다. 그리고 주로 동남아 지역 국가들에 신자를 두고 있다.

힌두교는 3000여 년의 역사를 가지고, 불교는 2500여 년의 역사를 가진다.

인도의 고대 경전은 힌두교의 일관된 정신을 알려준다.

사람의 신분을 4계급으로 나누는 '카스트' 제도는 힌두교의 전통이다.

힌두교의 교리는 사람에게 철저하고 가혹한 불변의 차등을 두고 있다. 이러한 차등을 전생의 업보로 생각하고, 이를 현세에서 감수한다.

힌두교의 이러한 차등 인생의 종교 전통을 개혁한 것이 불교다.

석가모니는 사람은 태어날 때 '천상천하 유아독존'으로 태어나는 것이며 '사람은 누구나 평등하다'고 외쳤다. 석가는 실제로 왕자의 권위와 기득권을 보장해주는 신분적 계급을 한순간에 버렸던 것이다.

불교는 힌두교에서 파생되었지만, 불교와 힌두교의 현세관은 사람의 차별과 사람의 평등에서 이렇게 차이를 두고 있다.

하지만 내세관은 불교가 힌두교의 교리를 그대로 상속받고 있는 점에서 불교와 힌두교는 유사하다고 볼 수 있다. 불교에서 말하는 윤회 사상의 원류는 전통 힌두교에 근원을 두고 있기 때문이다.

힌두교 경전에서는 이렇게 말하고 있다.

마치 사람이 계절에 따라 헌 옷을 벗어버리고 다른 새 옷으로 갈아입듯이, 이 몸속에 살고 있는 아트만(영혼)도 낡은 몸뚱이를 벗어버리고 다른 새 몸뚱이로 옮겨가는 것이다.

풀벌레가 풀잎 끝에 다다르면 다른 풀잎을 잡고 건너가듯이, 이 아트만(영혼)도 지금 머물고 있는 이 육신을 벗어버리고 다른 육신으로 건너간다.

윤회 사상은 힌두교의 바탕이다. 그렇기 때문에 현세에서 선업을 많이 쌓아, 내세에는 상층 계급으로 태어나도록 준비해야 한다는 교리를 가르친다. 상층 계급으로 태어난다 하더라도 그것은 윤회를 거듭하는 영겁 속의 한 찰나에 불과한 것이므로, 석가모니는 그렇게 해서는 고통의 세상을 끊을 수 없다고 설법했다. 그래서 불교는 궁극적으로는 윤회의 사슬에서 완전히 벗어나도록 해탈하여 대자유를 얻는 것을 최종 목표로 한다. 이 점이 힌두교와 불교를 분별할 수 있는 확연히 다른 점이다.

석가모니는 태어날 때 모태 힌두교도였지만, 깨달음을 얻고 수행

정진 끝에 해탈을 완성하여, 윤회가 없는 '대자유의 세계'(극락정토)에 들어가서 부처가 된 인물이다. 그러므로 불교는 현세의 삶은 삶이 아니라, 삶을 벗어나기 위한 고행으로 표현하고 있는 것이다.

잘살아야 한다는 말은 곧 잘 죽어야 한다는 말이다. 잘 죽어야 한다는 말은 곧 다시 태어날 때 더 잘사는 사람으로 태어나도록 해야 한다는 말이다. 더 나아가서, 아예 이런 고통의 세상에는 두 번 다시 태어나지 않도록 속세를 끊고 용맹정진하여 극락의 경지에 오르는 죽음을 만들어야 한다는 말이다. 그것이 바로 해탈이고 대자유의 영생을 얻는 경지다.

극락에 오르지 못한 아트만(영혼)은 이 세상에 몇 번이고 환생해야 한다. 이 영혼은 환생을 거듭하면서 정진수행을 계속해야 한다. 그러므로 윤회의 환생을 끊기 위해서는 석가모니의 설법에 따라 수행하고 정진해야 한다는 것이다. 불교의 최종 목표는 죽음 이후의 해탈이고 극락에서의 영생이다.

가톨릭교, 개신교, 이슬람교

이번에는 서양에서 발생하여 서양인에게 큰 영향을 끼치고 있는 가톨릭교·개신교·이슬람교에 관해서 살펴보자.

철학에서 종교학이 분리되어 나온 후에 종교학을 전공한 종교학자들은 범기독교가 그리스 철학에서 연유했다는 사실을 밝히고 있다.

종교학자들은 이렇게 말한다.

"기독교의 어머니는 그리스 철학이다."

"기독교의 어머니는 조로아스터교다."

"기독교의 어머니는 유태교다."

페르시아에서 태어난 조로아스터교는 서구의 모든 종교에 영향을 미친 '종교의 어머니'로 불린다. 특히 기독교와 이슬람교는 이 종교의 영향을 크게 받아, 조로아스터교의 교리를 그대로 이어받고 있다. 실제로 세상의 종말론, 사후 세계의 천당과 지옥 등 많은 교리는 조로아스터교에서 비롯된 것이다.

기원전 4세기 아테네 법정에서 피할 수도 있었던 처형을 스스로 자초하여 태연히 독배를 마셨던 소크라테스는 "인생이란 고귀한 영혼이 비천한 육신 안에서 옥살이하는 질곡이요, 죽음은 고귀한 영혼이 비천한 육신 감옥에서 풀려나는 경사"라고 확신했다. 그는 영혼의 존재를 확신했기 때문에 독배의 선택이 가능했다.

이러한 그리스 철학자들이 믿었던 영혼불멸설이 기독교의 정통 교리에 자리 잡고 있다. 예수는 이렇게 말씀한다.

"나는 부활이요 생명이요 길이다. 나를 믿는 자는 죽어도 살겠고 무릇 살아서 믿는 자는 영원히 죽지 아니하리라."(요한복음 11장 25-26)

예수는 태어날 때부터 유대인이었기에 모태 유대교 신자였다. 하지만 성장하면서 유대교의 신이 '수호신'이고, '복수의 신'이고 '질투의 신'임을 알고부터는 신의 정의를 개혁하는 혁명을 일으켰다. 예수는 유대교의 신은 진정한 신이 아니라고 외쳤다. 그는 새롭게 신의 정의를 개혁했다. 그가 개혁한 신은 '수호신'이 아니고 '복수의 신'이 아니고 '질투의 신'도 아닌, 단 하나뿐인 '사랑의 신'이었다.

유대교의 신은 진정한 신이 아니라고 외쳤기 때문에 예수는 유대교인들에 의해 사기꾼으로 배척당하여 로마 집정관이었던 빌라도 총독에게 고발되었다. 예수는 체포되어 마침내 십자가에 못 박혀 죽음을 면치 못했다. 오늘날에도 유대교인들은 예수를 하나님의 메시아로 인정하지 않는다.

처음에 유대인들의 종교는 다신교였다. 유대교는 다신교에서 출발하여 아브라함에 이르러 다신교를 유일신교로 통일시켰다. 예수가 태어나기 전 오랫동안 유대인은 그들의 유일신을 민족 신으로 불렀다.

민족 신이기에 그 유일신은 유대 민족을 지키는 전쟁의 신이었고, 유대 민족을 배반하는 자에게 복수하는 복수의 신이었고, 다른 신을 믿는 자에게는 반드시 저주를 보내는 질투의 신이었다. 이렇게 유대 민족의 유일신이 전쟁의 신, 복수의 신, 질투의 신이 되어 있을 때, '이건 아니다', '신은 이런 역할을 하지 않는다' 하고 의문을 품은 선지자가 바로 예수다.

예수는 유대교를 개혁했고, '신(하나님)은 사랑이다'라고 선언했다. 예수 이전에는 감히 이런 발상을 한 유대인이 없었다. 예수는 유대교를 박차고 나와 사랑의 유일신인 '창조주 하나님'을 가르치기 시작했다. 오늘날 기독교 신자는 창조주 하나님을 믿고 그 가르침에 따라 살다가 죽으면, 영혼은 하늘나라(천국 또는 천당)에 올라가서 영원히 산다고 믿는다.

기독교는 하나님 이외는 어떠한 신도 인정하지 않는다. 때문에 부처에게 기도하는 것도, 조상에게 기도하는 것도, 힌두교 신자처럼 수많은 다른 신에게 기도하는 것도, 이슬람교 신자처럼 예수를 거치지 않고 자기들의 유일신인 하나님(알라)에게 직접 기도하는 것도, 절대 용납하지 않는다. 모든 기도는 예수를 통해야만 이뤄진다고 믿는다.

기독교는 영혼만 영원히 사는 것이 아니라,

- 이 세상에 종말이 오는 날,

- 예수님께서 재림하시는 날,

- 이때 모든 산 자와 죽은 자는 그 앞에서 심판을 받아,

- 그 결과에 따라 구원을 받으며,

- 산 자는 산 대로, 죽은 자는 다시 육신이 부활하여,

- 들림을 받아 하늘나라(천국 또는 천당)로 올라가 영원히 산다고 믿는다.

기독교인이 반드시 외우는 교리 교과서 **사도신경**에는 이러한 내용이 모두 들어가 있다. 따라서 모든 기도는 '우리 주 예수 그리스도의 이름으로 기도하옵나이다'로 마감해야 효력이 발생한다고 믿는다.

기독교는 성부, 성자, 성령으로 구성되는 삼위일체 교리와 종말이 오는 심판 날에 '인간이 부활'한다는 부활 교리가 바탕이다. 기독교는 가톨릭, 개신교, 성공회, 동방정교 등 범기독교 신자 수가 20억이 넘는 거대 종교로서 2,000여 년의 역사를 가지고 있다. 기독교의 최종 목표는 세상이 끝나는 날 부활하여 천국에 올라 하나님과 영생하는 것이다.

현재 세계에서 단일 종교로 신자 수가 가장 많은 종교는 이슬람교이다. 이슬람교는 유대교, 기독교와 그 뿌리를 같이하고 있다. 현대 종교학에서는 유대교, 기독교, 이슬람교의 시원을 같은 인물인

아브라함에게 두고 있다. 비록 시원은 같은 인물에게 두고 있지만, 이슬람교는 교리가 곧 법이고 교리가 곧 생활 규범이 되어 있다. 따라서 이슬람교는 국가적 통치 규율로 남아 있는 유일한 종교이다.

이슬람교 경전인 『코란』은 이렇게 말한다.

> 신이 땅을 빚자 "땅의 주인은 누구냐"고 천사들이 물었다. 신이 대답했다. "나를 대신하여 땅을 다스릴 자는 아담과 하와 그리고 그의 자손이다."

그리하여 하늘에 살던 아담과 하와가 땅으로 내려왔는데, 천국과는 판이하게 다른 땅의 환경에 적응하기 위하여 변태의 과정을 거쳐야 했다.

땅에 내려온 아담과 하와의 후손들은 신의 뜻에 따라 신이 위탁한 임무를 수행하다가, 정해진 임무를 마치면 천국으로 다시 돌아가야 한다. 그런데 땅의 환경과 천국의 환경이 다르기 때문에, 아담과 하와가 천국에서 내려올 때 변태했던 것처럼, 그들이 돌아갈 때는 천국의 환경에 적합한 형태로 변태를 해야 한다.

이슬람교인은 천국에서 영생을 누리기 위한 변태의 과정이 곧 죽음이라고 믿는다. 이슬람교 신자들이 타 종교 신자들보다 그다지 죽음을 두려워하지 않는 이유는 죽음을 천국에 들어갈 수 있는 변태의 과정으로 해석, 이해하고 있기 때문이다.

이슬람교와 기독교가 다른 점은 바로 교리라 할 수 있다.

기독교는 사람은 태어나면서부터 '원죄'를 가지고 태어난다는 교리를 가르치고 있다. 즉 인간을 처음부터 원죄 속에 가두어놓고 있는 것이다.

이 점에 대하여 이슬람교는 기독교와 다르게 해석하는 교리를 가지고 있다. 이슬람교는 사람의 죄는 태어날 때부터 가지고 있는 원죄가 없으며, 사람이 짓는 죄는 현세를 살아가면서 가정환경 또는 사회환경과 상황에서 오염되어 생겨나는 것이라고 설명한다. 또 사람의 죄는 인간의 자유의지로 만들어지는 후천적 죄가 있을 뿐이지, 선천적 죄는 있을 수 없다고 주장한다. 기독교에서 얘기하는 원죄는 있을 수 없다고 설명하고 있는 것이다.

이슬람교에서는 인간이 천국에 들어가서 영생을 누리기 위해서는 필연적으로 거쳐야 하는 변태의 과정이 죽음이라고 설명한다. 때문에 죽음에 대한 두려움이 다른 종교의 신자보다 비교적 적은 편이다.

이슬람교는 1,400여 년의 역사를 가지고 있다. 이슬람교의 최종목표는 하나님(알라)을 경배하는 삶을 영위하고, 죽은 뒤에 알라신과 함께 영생하는 것이다.

그리스도교와 이슬람교의 역사적 뿌리는 같다.

약 4,000년 전 자그마한 무리를 이끌고 중동지방을 떠돌던 아브라함은 팔순이 넘도록 후사가 없었다.

아브라함의 부인 사라는 궁여지책으로 자신의 몸종이었던 하갈에게 남편의 씨를 받게 했다.

아브라함은 86세에 이집트 여인 하갈의 몸에서 아들을 얻었으니 그 이름이 이스마엘이다.

그로부터 14년 후 아브라함이 100세가 되던 해에 부인 사라로부터 아들을 얻었는데 그 이름이 이삭이다.

사라는 하갈과 이스마엘을 내쫓으라고 아브라함에게 졸랐고 결국 약간의 양식과 식수를 주어 하갈 모자에게 무리를 떠나도록 했다.

그리스도교의 창시자 예수는 사라의 아들 이삭과 관련이 있고, 이슬람교의 창시자 무함마드는 하갈의 아들 이스마엘과 관련이 있다.

예수는 이삭 계통이고 무함마드는 이스마엘의 후예이다.

그리스도교(기독교)의 핵심교리는 성부, 성자, 성령의 3위 일체이다.

이슬람교(회교)의 핵심교리는 예수는 하느님(하나님)의 아들이 아니고 아브라함, 모세, 무함마드와 같은 선지자(예언자)일 뿐이라는 것이다.

유대교, 기독교, 이슬람교의 주장과 입장 차이를 정리해보면 아래와 같다.

- 유대교는 예수를 메시아로 인정하지 않는다.
- 유대교는 메시아는 아직 오지 않았지만, 미래에 언젠가는 반드시 온다는 입장이다.
- 기독교는 예수를 하나님의 유일한 독생자인 메시아로 인정한다.
- 기독교는 예수를 거치지 않는 기도는 진정한 기도로 인정하지 않는다.
- 이슬람교는 원천적으로 기독교가 주장하는 메시아, 즉 예수를 부정한다.
- 이슬람교는 메시아는 아예 없기 때문에 앞으로도 오지 않는다는 입장이다.
- 이슬람교는 하나님(알라)과 인간 사이에는 메시아가 있을 수 없다고 주장한다.
- 이슬람교는 인간이 직접 하나님(알라)께 기도하며 삶을 영위해

야 한다는 입장이다.

도교

오늘날 신자 수로 볼 때 큰 교세를 가지고 있지 못하지만, 동양에서 발생하여 동양인에게 큰 영향력을 끼친 도교에 관하여 살펴보자.

도교는 중국에서 발생한 중국의 전통 종교다. 도교는 노자에서 비롯하여 관윤자(關尹子), 호자(壺子), 열자, 장자를 거치면서 무위자연 사상이 정립되었다. 당나라 왕조에서 국교로 지정되어 중국의 전역에 퍼져나갔다.

두광정이 쓴 도경(道經)인『노자 화호경』이라는 책에는 노자가 인도에 도착한 후 석가모니로 변신했다는 말을 기록하고 있다. 종교책에는 이렇게 신화적으로 끌어다 붙인 이야기가 많이 전해온다. 석가모니가 노자보다 14살 아래이니 그럴듯하게 보이는 부분이 있는 것이다.

중요한 도교 경전에는 도교삼경이 있다. 즉 노자의『도덕경』, 장자의『남화경』, 열자의『청허경』등이 있다.

도교는 내세보다는 현세에 중점을 두는 종교다. 도교는 내세는 볼 수도 없고 믿을 수도 없는 영역이라며, 현세에서 영원히 죽지 않는 불로장생의 사상을 발전시켰다. 도교의 목표는 인간이 불로장생하여 신선이 되는 것이다. 그러므로 도교는 육체의 불사약 복용과 신체의 수련을 아주 중요하게 생각한다.

진나라 갈홍(葛弘)이 쓴 도교의 경전인 『포박자(抱朴子)』는 이렇게 적고 있다.

시작이 있으면 끝이 있다고 하지만 천지는 다함이 없고, 사는 것은 반드시 죽는다고 하지만 거북과 학은 오래도록 살 수 있다. 어찌 사람이라고 오래 살지 못하겠느냐?

초기에는 외단(外丹)의 실현 방법으로 불로초나 불사약 같은 것을 추구했지만, 끝내 실현을 보지 못했다. 후기에는 내단(內丹)으로 방향을 바꾸어 정신적인 수양으로 이를 해결하려 했지만, 인간이 현실적인 죽음에 봉착하므로 드디어 '신선론'을 주장하게 된 것이다. 즉 인간이 육체의 수련을 잘하고 정신의 도를 잘 닦아 신선이 된 사람은 죽은 체하고 평범한 의식에 따라 땅에 묻히지만, 자기의 옷이나 지팡이에 시체의 모습을 담아 관 속에 남기고, 정작 자기는 무덤에서 빠져나가, 영생하는 사람들이 사는 '신선세계'(仙界)로 사라진다고 하는 것이다.

이것이 도교에서 말하는 '시해'(尸解)다. 당당하게 선계(仙界)로 올라가지 않고 은밀히 하는 이유는 범인들의 일상 사회를 혼란시키지 않기 위해서라고 설명한다.

도교는 2600여 년의 역사를 가지고 있다. 중국인들은 심정적으로 도교의 영향을 받아, 도교를 믿는 사람들이 아직도 많이 있다. 그러나 신도 수의 면에서 세계 종교에는 들지 못하고 있으며, 신도 수가 줄고 있는 추세다.

도교의 최종 목표는 인간이 오래 살기 위해 신선이 되어 '우화등

선'(羽化登仙) 하는 것이다.

유교(유학)

동양에서 발생하여 동양인에게 큰 영향력을 끼친 종교로 유교라는 철학 사상이 있다(현대 종교학에서는 유교를 종교의 범주에 넣지 않고 정치 철학·교육 철학·생활 철학으로 분류하고 있다). 유교에서는 우주의 생성 원리를 이렇게 설명한다.

> 태초에 무극이라는 극점이 태극이 되고, 태극에서 음양이 생기고, 음양의 활동이 오행(五行)으로 갈라져 천지만물이 생겨났다. 음양과 오행은 에너지라는 기(氣)의 집합이다. 기의 집합으로 만물의 형상이 생겨나고, 기의 흩어짐으로 만물의 형태가 없어지는 것이다.

유교의 설명은 기독교의 '말씀'에 의한 창조론과는 다르다. 현대물리학에서 적용하고 있는 '빅뱅 이론'과 흡사한 설명이다. "기의 모임이 탄생이고 기의 흩어짐이 죽음이다."라고 유교는 설명한다.

기에는 밝은 기, 어두운 기가 있고, 깨끗한 기와 더러운 기가 있으며, 순수한 기와 추잡한 기가 있다. 즉 명기(明氣), 암기(暗氣), 청기(淸氣), 탁기(濁氣), 순기(純氣), 잡기(雜氣)가 있다. 사람은 그 중에서 밝은 기(明氣), 깨끗한 기(淸氣), 순수한 기(純氣)를 하늘로부터 받았기 때문에 만물의 영장이 되었다. 이에 비해 다른 동물들은 암기, 탁기, 잡기를 많이 받았다.

하지만 사람은 기의 모이고 흩어짐에 따라 생겨나고 없어지는 생성쇠멸의 법칙에서는 세상에 존재하는 모든 것들과 괘를 같이하는 자연의 일부이다.

유교는 사람이 죽으면 혼비백산(魂飛魄散)한다고 설명한다. 즉 '혼'(精神)은 하늘로 날아가고, '백'(肉體)은 사방에 흩어진다는 뜻이다. 혼백은 모두 음양의 기이기 때문에, 죽은 뒤에도 사라지지 않고 에너지 상태에서 자연의 상태로 되돌아갈 뿐이다. 자연의 상태로 되돌아간 기는 다시 동일한 인간으로 태어난다는 보장이 없기 때문에, 유교는 내세를 말하지 않는다. 유교에는 내세관이 없다.

도교와 유교를 제외한 모든 종교는 모두 내세에 기대고 내세에서의 영생을 믿는다. 도교와 유교를 제외한 현대의 모든 종교의 조직체는 신자들에게 내세를 전파하고 판매하는 양상을 지니고 있다. 유교는 내세에 대해 기대지도 않고 보태지도 않는다.

제자들이 공자에게 질문했다.

"귀신을 어떻게 생각하십니까?"

공자가 대답했다.

"살아 있는 사람도 다 섬기지 못하는데, 귀신을 어떻게 섬기겠느냐?"(未能事人 焉能事鬼)

공자는 철저하게 현실세계에서 인간이 어떻게 '인간다운 삶'을 살 것인가를 고민했던 인물이다. 죽은 후에 인간이 어떻게 될 것인지에 대해서는 고민하지도 말하지도 않았다. 그가 모르는 일이었기 때문이다.

유교는 유일하게 내세가 없는 종교다. 유교는 내세가 없기 때문에 현대의 종교학에서는 개념상으로 종교가 아니라고 정의하고 있다. 종교학이라는 학문이 없었을 때는 유교가 종교의 범주에 들어갔었지만, 종교학이 학문으로 확립된 이후부터 유교는 종교가 아니라 철학 사상, 정치 사상, 교육 사상으로서, 유학이라는 학문으로만 존재한다. 따라서 학문인 유학은 인간답게 사는 방법을 논한 생활 교리이기 때문에 세상에 존재하는 모든 보편적 종교와 공존이 가능하다.

유교는 인간의 현실 세계에 반드시 필요한 '수기안인'(修己安人)을 추구하는 철학이고 사상이며 학문이라는 견해가 설득력이 있다. 오늘날 '유교'는 종교가 아닌 철학, 즉 '유학'(儒學)이라는 학문으로 자리매김을 하고 있는 것이다.

유교는 인간의 '사람다운 삶'과 '인간다운 삶'을 강조한 생활 철학이고 교육 철학이며 정치 철학이다. 하지만 현대 종교학이 확립되기 이전까지 유교는 역사적으로 중국의 한(漢)나라, 한국의 조선왕조, 일본의 에도막부(幕府) 쇼군 통치체제 등에서 그 나라의 국교와 통치 이념으로 선택되어왔다.

유학은 내세를 믿지 않지만, 그 대신 사람은 죽으면 자연으로 돌아가기 때문에(天人合一), 인류의 영속성을 위해서는 자손을 통하여 대를 이어가야 한다고 설명한다. 조상이 있어야 후손이 있고, 조상이 있어야 내가 있다는 견지에서, 나를 존재하게 해준 부모를 섬기고 조상에게 경배하는 제례를 중요하게 생각한다.

유학은 '관혼상제'(冠婚喪祭)의 중요성을 실천하고 있다.
- 사람이 태어나서 성인(成人)이 되면 공동체의 사회적 책무가 중요하기 때문에 성인이 됨을 축하하는 관례(冠禮)를 올리고,

- 인류의 영속성을 보존하려면 남녀가 혼인을 하여 가족이라는 생활의 기초 단위를 형성해야 하기 때문에 부부가 됨을 축하하는 혼례(婚禮)를 올리고,

- 사람이 죽으면 자연으로 돌아가는 혼(魂 : 정신)과 백(魄 : 육신)에게 이별을 고해야 하기 때문에 이별을 기념하는 상례(喪禮)를 올리고,

- 돌아가신 조상 덕분에 오늘 내가 존재하고 인류 문화를 영속적으로 계승 발전시킬 수 있으므로, 그에 대한 고마움을 표시하기 위해 조상을 추모하기 위한 제례(祭禮)를 올린다.

유학이 말하는 생(生)과 사(死)는 우주의 섭리에 따른 기(氣)의 이합집산이다. 인간의 탄생은 에너지의 집합이고, 인간의 죽음이란 에너지의 흩어짐이다. 그리하여 생명은 자연에서 태어나고, 죽으면 자연으로 돌아가는 것이다.

유학은 죽음을 우주 자연과의 영원한 합일로 본다. 모든 존재의 죽음은 우주 자연과의 합일이며, 에너지의 변형된 영존의 시작이라고 보고 있다.

지구촌 7대 종교인 이슬람교, 힌두교, 가톨릭교, 개신교, 불교, 동방정교, 성공회교의 최종 목표는 '이세상'이 아닌 '저세상'에 있다. 도교의 최종 목표는 오래도록 죽지 않고 사는 '신선'이 되는 데 있다. 그러나 유교의 최종 목표는 오로지 '이세상'에 있다. 유교의 최종 목표는 인간이 '인간답게' 사는 생활 실천에 있다. 그러기 위해 유학은 인간이 '군자'(君子)가 되고, 인인(仁人)이 되고, '성인'(聖人)이 될 것을 권장한다.

유교는 성인(聖人)이 되는 방법을 기본 경전인『대학』을 통하여 다음과 같이 제시한다. 즉 개인 인격의 확립을 위해 격물, 치지, 성의,

정심으로 수신하고, 사회 인격의 확립을 위해 수신(修身), 제가(齊家), 치국(治國), 평천하(平天下)의 수양 과정을 거쳐 대동사회(大同社會)를 만들어야 한다는 것이다.

유교는 2,600여 년의 역사를 가지고 있다. 유교의 최종 목표는 죽은 다음 천국에서의 영생이 아니라, 살아생전에 현세를 천국으로 만드는 데에 있다. 그것을 평천하(平天下)의 '대동사회'라고 부른다.

지구촌의 양대 종교

현존하는 지구촌의 양대 종교는 크게 보면 그리스도교(기독교)와 이슬람교(회교)이다. 그리스도교와 이슬람교의 뿌리는 같다. 유대교이다.

예수 그리스도가 태어난 시대는 로마 제국이 서방 세계를 지배하는 시대였다. 예수 그리스도는 유대교가 너무 민족적이고 배타적이며 폐쇄적인 점을 개혁하고자 했다.

예수의 의문은

1. 왜 천국은 유대인만 가야 하는가?

2. 왜 유대인 민족만 하느님의 선택을 받았는가?

3. 천국은 다른 민족에게는 닫혀 있는가? 등이었다.

예수는 교회는 모든 사람에게 열려 있어야 한다고 생각했다. 유대인만을 위한 교회가 아니라, 보편적이고 일반적인 교회가 되어야 한다고 생각했다. 모두에게 열려 있는 교회, 보편적 교회, 즉 가톨릭 교회여야 한다고 생각했다.

가톨릭은 그리스어로 보편적, 일반적이란 뜻이다. 예수는 가톨릭 교회를 세운 종교 개혁가이다. 즉 보편적 교회를 세운 종교 혁명가이다.

로마는 BC 753년 팔라티누스 언덕 위에 로믈루스 레무스 형제가 시작한 작은 촌락이다. 로마인들은 원래 태양신을 비롯한 다양한 신을 믿으며 다신교를 지니고 있었다. 로마는 지중해를 중심으로 서유럽, 터키 지역의 중동 및 북아프리카 지역을 지배하는 거대 제국으로 성장했다.

AD 313년 콘스탄티누스 황제는 태양신을 비롯해 여러 신을 믿고 있는 로마가 오랫동안 탄압해온 그리스도교인 가톨릭을 처음으로 믿어도 좋다고 밀라노 칙령을 통해 용인했다. AD 325년 니케아 종교회의에서 예수의 신성(神聖)을 인정하는 삼위일체 교리를 용인하고 확정했다. 그리고 예수의 신성을 부정하는 아리우스파를 이단으로 규정했다.

'바이블'은 예수의 신성을 인정하는 복음(요한, 마태, 마가, 누가복음 등) 내용으로 편집했다. 예수의 신성을 부정하는 다른 모든 복음(도마복음 등)은 모두 이단으로 규정하고 배제했다. 로마 제국은 글로벌 제국 전체를 하나로 묶는 새롭고 강력한 종교가 필요했던 것이다.

하나의 종교로, 제국의 모든 신민을 하나의 두뇌로 묶는 정신적 통일을 이루기 위해, 로마 제국은 전통적인 헬레니즘(휴머니즘 : 인간 중심 사상)에다가 헤브라이즘(신 중심 : 유일신 중심 사상)을 접목한 가톨릭 기독교를 창조하는 데 크게 기여했다.

성부(聖父 : 神格), 성자(聖子 : 人格), 성령(聖靈 : 聖格)은 세 가지의 위격이지만, 본질적으로는 하나라는 것이 삼위일체 교리이다. 이것은 기독교 교리의 핵심이다.

AD 380년 테오도시우스 1세는 가톨릭을 로마의 국교로 선포했다. 백성들에게 신앙을 허용한 뒤 67년 만에 국교로 선포된 것이다.

당시 로마의 행정구역은 다섯 개였는데, 기독교의 교구도 로마 행정구역에 따라 다섯 교구로 분할했다.

1. 로마 교구
2. 예루살렘 교구
3. 알렉산드리아 교구
4. 안티오키아 교구
5. 콘스탄티노플 교구

다섯 대 교구 가운데 제국의 수도인 로마 교구가 총본산이었지만, 로마 제국의 새 수도인 콘스탄티노플 교구의 위상이 높아져서 서로 경쟁했다.

AD 395년 테오도시우스 1세의 별세로 로마 제국은 동쪽의 동로마 제국(비잔틴 제국)과 서쪽의 서로마 제국으로 분할하게 됐다. AD 476년 서로마 제국은 멸망했다. 로마 제국이 동서로 분열된 뒤에 기독교는 동서가 서로 다르게 발전했고, 가톨릭은 AD 1054년 동서로 완전히 분열됐다. AD 1453년 동서분열 후 400여 년 만에 동로마 제국은 오스만 제국(이슬람교)에 의해 멸망했다.

서로마 기독교와 동로마 기독교는 같은 뿌리를 가진 가톨릭 교회이지만, 동로마는 동방정교, 또는 정교라 부르게 되었다. 이와 구별하기 위해 서로마 가톨릭 교회는 로마 가톨릭이라고 부르게 되었다. 로마 가톨릭에서 독립한 영국 가톨릭은 성공회교로 불렀다.

서로마 기독교와 동로마 기독교의 두 교회는 십자가의 표시가 다르다. 동방정교는 가로, 세로의 길이가 똑같은 십자가로 표시한다. 로마 가톨릭과 성공회교(영국 가톨릭), 개신교는 세로가 가로보다 긴 십자가로 표시한다.

그리스도 교파가 가장 먼저 갈라진 것은 1054년 서방교회(가톨릭교회)와 동방교회(정교회)로 갈라진 것이 처음이다.

서방교회는 1530년 루터의 종교개혁으로 가톨릭교회와 개신교로 나뉘었으며 개신교는 다시 다음과 같은 여러 종파로 갈라졌다.

1530년 루터교 (루터)

1533년 장로교 (칼빙)

1612년 침례교 (스미스)

1744년 감리교 (웨슬리)

오늘날 세계에서는 가톨릭, 개신교, 동방정교, 성공회교를 범기독교(그리스도교)라고 칭한다. 우리나라에서는 일반적으로 기독교는 개신교를 지칭하는 개념으로, 가톨릭은 천주교를 지칭하는 개념으로 이해되고 있다.

부록 3

진리와 종교의 차이점

신앙은 믿음이다. 진리는 신앙의 대상이다. 믿음을 만드는 '도구' 또는 믿음을 담는 '그릇'을 종교라고 한다. 종교는 믿음을 담는 집, 그릇, 또는 도구이다.

종교는 진리 자체가 아니다. 종교는 진리로 인도하는 매개 역할을 하는 손짓, 방향 지시등이다. 종교는 방법이고 형식이다. 방법과 형식은 다양하고 변한다. 진리는 본성이고 본질이다. 본성과 본질은 하나이고 영원하다.

종교는 도구 또는 그릇이므로 믿음의 대상이 될 수 없다. 종교는 방법이고 형식이므로 신앙의 대상이 될 수 없다. 도구와 그릇은 인간이 만든 것이다. 모든 종교는 인간이 만든 것이다. 종교는 인간의 사는 지역, 기후, 삶의 방식, 공동체 문화 등 인간의 필요에 따라 적절하게 만들어진 것이다.

진리는 변하지 않는다. 진리는 신앙의 대상이다. 종교는 변한다. 종교는 신앙의 대상이 아니다. 진리와 종교는 구별되어야 한다.

참고자료

고구려 을파소 고구려천서: 참전계경(參佺戒經) = 최재우: 을묘천서

신라 최치원: 비상선사(備詳仙史)

신라 최치원 묘향산 석벽본: 천부경(天符經)

신라 박제상: 징심록(澄心錄) 15誌 중 제1지 부도지(符都誌)

신라 안함로: 삼성기전 상편

신라 원동중: 삼성기전 하편

발해 대야발: 단기고사

발해 대조영 백두산 석실본: 삼일신고(三一神誥)

고려 이암: 단군세기

고려 범장: 북부여기

조선 이맥: 태백일사

조선 북애자: 규원사화

미국 마틸다 오다넬: 마틸다 노트(1947년 뉴멕시코 로즈웰 추락사건 전모)